浙江省社科联社科普及课题成果（项目编号：19YB35）

浙东渔文化趣谈

徐岚 ◎ 著

西南交通大学出版社
·成 都·

图书在版编目（CIP）数据

浙东渔文化趣谈 / 徐岚著. —成都：西南交通大学出版社，2020.12
ISBN 978-7-5643-7891-2

Ⅰ. ①浙… Ⅱ. ①徐… Ⅲ. ①渔业–地方文化–介绍–浙江 Ⅳ. ①F326.475.5

中国版本图书馆 CIP 数据核字（2020）第 244787 号

Zhedong Yuwenhua Qutan
浙东渔文化趣谈
徐岚　著

责 任 编 辑	赵玉婷
助 理 编 辑	何宝华
封 面 设 计	原创动力
出 版 发 行	西南交通大学出版社
	（四川省成都市金牛区二环路北一段 111 号
	西南交通大学创新大厦 21 楼）
发行部电话	028-87600564　028-87600533
邮 政 编 码	610031
网　　　址	http://www.xnjdcbs.com
印　　　刷	四川煤田地质制图印刷厂
成 品 尺 寸	146 mm × 208 mm
印　　　张	5.125　　　插页：1
字　　　数	128 千
版　　　次	2020 年 12 月第 1 版
印　　　次	2020 年 12 月第 1 次
书　　　号	ISBN 978-7-5643-7891-2
定　　　价	45.00 元

图书如有印装质量问题　本社负责退换
版权所有　盗版必究　举报电话：028-87600562

前 言

对于浙东渔文化的探索和研究主要缘于我个人的成长和学习经历。作为地道的浙东人、海边人,我从小就浸染在渔文化世界里,虽然没有亲身体验过渔民的生活,但这群质朴勤劳的渔家人确确实实一直在我的生活中,从未离开。我的眼里看到的是来往的渔船、美丽的港湾和忙碌的渔民,我嘴里品尝到的是天然的食材所烹制的海鲜美味,我深切感受到的是渔区人快乐幸福的生活,我脑海中一直挥之不去的是那一帧帧如画般的美丽风景。是的,这就是魅力浙东、魔力浙东渔文化。它已经深深地融入我的血液之中,成为我生命的一部分。

开始着手创作,我却总是迟迟难有头绪,因为要写的太多,却又觉得自己没有能力写好。这或许就是一种情愫,越是心底里珍惜的,越感到无力表达,怕所写不及所感的千分之一。但正如我前面所说的,正是孕育我的这片山海、陪伴我的这片故土、滋润我的这番乡情,促使我一步一步继续前进,激励我将这浙东渔乡海岛的风土人情一一记录在我的笔墨之中。

本书总共有六个章节。第一章是绪论,主要在浙东辖区界定的基础上,对浙东的自然地理、人文历史、民风民俗进行概括的介绍。第二章是渔文化的历史和演变,包括对渔文化定义的阐释和解读、对渔文化历史的回顾和追溯、对渔文化发展的分析和展望、对渔文化特色的凝练和总结。第三章重点落地浙东渔文化,以丰富的内容、细腻的语言、真诚的情感介绍了多姿多彩、丰富绚丽的浙东渔文化,涵盖了渔俗、渔歌、渔谚、渔味和渔趣五个方面。第四章则总结了浙东渔文化的三个主要特色,并从物质和精神两个层面解读了浙东渔文化的内涵。在前几章阐释和分析的基础上,第五章强调了保护和传承浙东渔文化的重要性,并对如何保护和传承浙东渔文化提出了一些建议性措施。第六章探讨了"一带一路"和新时代背景下的浙东渔文化。

本书的完成在我意料之中,也在我意料之外。书中的每一个字都融入了我个人的故土情结,完成它是我心之所愿,但由于本人的知识积累和文字能力所限,不能将底蕴深厚、精彩纷呈的浙东渔文化展现得淋漓尽致,实感遗憾。在此,期盼有更多的人走到这里,亲身感受,亲自体验,也期盼有更多的浙东人承担起保护和传承浙东渔文化的责任和使命,这样才能使得博大精深、古老绚丽的浙东渔文化世代相传,并增添新时代的色彩。

本书在撰写中可能因为个人的知识局限存在一些问题和不足,敬请谅解!也希望能得到读者的意见和建议,非常感谢!

徐 岚

2020年9月

目 录

第一章 绪 论 ·················001
第二章 渔文化的历史与演变 ········006
 第一节 渔文化的定义 ···········008
 第二节 渔文化的历史 ···········011
 第三节 渔文化的发展 ···········014
 第四节 渔文化的特色 ···········016
第三章 多彩鲜活的浙东渔文化 ·······018
 第一节 渔 俗 ···············020
 第二节 渔 歌 ···············030
 第三节 渔 谚 ···············047
 第四节 渔 味 ···············056
 第五节 渔 趣 ···············066
第四章 浙东渔文化的特色与内涵 ······100
 第一节 浙东渔文化的特色 ·········102
 第二节 浙东渔文化的内涵 ·········108

第五章　浙东渔文化的保护与传承……… 117
　　第一节　浙东渔文化保护与传承的意义
　　　　………………………………………… 119
　　第二节　浙东渔文化保护与传承的建议
　　　　………………………………………… 122

第六章　浙东渔文化的发展新契机……… 133
　　第一节　"一带一路"倡议背景下的
　　　　　　浙东渔文化………………………… 135
　　第二节　走进新时代的浙东渔文化…… 143

后　记………………………………………… 154

附图：浙东"渔"景………………………… 157

第一章 绪论

浙江是海洋大省，东临东海。浙东地区物产丰富，尤以海洋资源为甚，拥有 26 万平方千米的海域。富饶的东海孕育着勤劳的渔民，他们世世代代传承，形成了独特的"渔文化"。海洋渔文化是海洋文化中的重要一支，是渔民在长期的渔业生产活动中创造出来的具有流转性和传承性的物质文化、非物质文化及制度文化的成果总和。[①] 浙东渔文化是浙江海洋文化中最具特色的文化构成。那么，浙东渔文化是如何展现其鲜活、灵动、丰富的文化内涵和文化意蕴的呢？浙东渔文化是以怎样的形式和姿态不断绵延发展和生生不息的呢？我们不妨走进浙东，造访渔家，探索和体验渔文化的魅力。

首先，要对浙东的辖区界定、自然地理、人文历史、民风民俗等方面做简要介绍。

一、浙东辖区界定

在古代，浙江以钱塘江为界，分为"浙西""浙东"，"浙东"地区包括今宁（甬）绍、台温、金丽衢地区，即宁波、绍兴、台州、温州，金华、丽水、衢州地区；狭义上的浙东地区包括宁波和舟山。现今，人们口中所说的"浙东"往往指的是浙东经济合作区。改革开放以后，相关地区的地方政府，即地域相连的宁波、绍兴、舟山、台州四市（一个计划单列市、三个地级市）遵循平等、互利原则，自愿组合的跨地区、开放型区域经济联合组织。在浙东地区，宁波、舟山、台州是主要沿

---

① 刘悦. 渔文化内涵变迁及其价值研究[D]. 青岛：中国海洋大学，2014.

海城市，属于浙江渔民文化区。三市地域相邻、人文相近、经济相融，同属沿海经济发展带，共享海洋经济链。

二、浙东自然地理

浙江自然地理特征丰富，浙东地区主要以沿海丘陵和舟山海岛地貌为主。作为海洋大省的浙江，海域面积 26 万平方千米，是其陆域面积的 2.6 倍；海岸线长度约为 6700 千米，包括大陆海岸线 2200 千米和海岛岸线 4500 千米，占国家海岸线总长的 20% 以上，居全国首位。在近岸海域内，面积大于 500 平方米的海岛有 3061 个，占全国岛屿总数的五分之二，是全国岛屿最多的省份。根据当地政府公布的数据，宁波的大陆海岸线长 836.8 千米，海岛岸线 758.6 千米，海岸线总长 1594.4 千米。绍兴市的大陆海岸线即海岸线总长是 40 千米。舟山市，作为岛城，海岛岸线即为海岸线，总长 2447.87 千米。台州市的大陆海岸线即为海岸线总长 745 千米。四市海岸线之和超全省海岸线总长的 70%，可见浙东地区具备天然的海洋资源优势，为形成特色鲜明的海洋渔文化提供了独特的自然环境和优越的地理条件。

三、浙东人文历史

浙江地处中国东南沿海长江三角洲南翼，东临东海，素享"文物之邦、旅游胜地"美誉。浙江文化属于典型的中国东南文化，其主体构成是吴越文化。浙东文化是浙江文化的重要组成部分。

浙东历史悠久，地灵物阜，古迹众多，文化灿烂，拥有深厚的人文历史，蕴藏丰富的文化内涵。宁波、绍兴、临海（隶属于台州）是国家级历史文化名城，舟山（定海）是省级历史文化名城。宁波，书藏古今，港通天下；绍兴，人杰地灵，名人荟萃；舟山，前沿要塞，东海前哨；台州，海山水城，唐诗之路。可见，浙东拥有千年历史积淀，人文底蕴深厚。

浙东不乏名人志士。古有传说夏朝贤圣帝王大禹，又有山水诗派鼻祖谢灵运、明代大思想家王阳明、明清之际知名文人黄宗羲等，今有现代文学巨匠鲁迅、著名生物学家童第周、情怀女作家三毛、获诺贝尔奖的药学家屠呦呦等，人才辈出，领域各异，建树颇丰，影响深远。深厚的文化积淀和浓郁的人文气息使浙东成为育人沃土和人才摇篮。

四、浙东民风民俗

浙东地区依赖优越的自然地理环境和民众的长期生活实践，逐渐形成了别具一格、特色鲜明的民风民俗。这里的人民质朴和善，尊天重地，传承古老的智慧。除了各地的岁时习俗，还有极具地方特色的主题文化，如宁波的梁祝文化、绍兴的大禹文化、舟山的观音文化、台州的和合文化。这里也是非物质文化遗产重地，宁波走书、绍兴摊簧、舟山布袋木偶戏、台州乱弹，都是人民用曲艺的方式来记录生活、畅想美好。这里还不得不提到跟渔文化有关的民俗节庆，比如宁波象山开渔节、舟山岱山祭海节、台州东海文化旅游节等，真是民风朴实、民俗丰富，文化兴盛，气象万千。

　　渔文化是浙东文化中极其重要的组成部分，现在开始我们的浙东渔文化探索之旅吧！

第二章 渔文化的历史与演变

渔文化，作为中国文化的重要组成部分，滋生于广袤无垠的九州山河湖海中，孕育在浩瀚千古的华夏历史长卷里。

第一节 渔文化的定义

谈到渔文化,很多人会与鱼文化混淆。那么,两者是否一致呢?有没有清晰明确的定义呢?其实,在古代汉语中,鱼和渔是同一个字,都是鱼。唐朝陆德明曾道:"渔,音鱼,本亦作鱼。"那么由此看来,两者有着千丝万缕的联系。

宁波(2010)认为,从广义上来说,渔文化是人类在渔业生产活动中所创造出来的各种有形无形的成果,如渔神信仰、渔船渔具、渔歌、渔号子、渔风渔俗、渔业伦理、渔业法规与制度等文化事项。从狭义上说,渔文化主要指人类在渔业活动中所创造的精神财富的总和。由此可见,渔文化包含了一部分的鱼文化。两者之间是一种交集的关系,彼此有联系,但不完全一致。[1]

在同春芬、刘悦(2012)看来,鱼文化是人类在生产活动中产生的与鱼类及渔业活动有关的鱼物、鱼俗、鱼信等各种有形无形的物质和精神财富。渔文化是渔民在长期的渔业生产活动中创造出来的具有流转性和传承性的物质和非物质方面的成果。二者都与鱼有关,并且在非物质文化方面有相同之处。鱼文化作为民俗文化的一个分支,渔文化作为农业文化的一个分支,从文化的价值功能上看,二者在文化的

---

[1] 宁波. 试论渔文化、鱼文化与休闲渔业[J]. 渔业经济研究,2010(02):25-28.

适应功能、区别功能、遗传功能和动力功能的体现上都略有不同。①

从以上的阐述可以看出,渔文化和鱼文化存在差异,但两者又有联系,是一种交叉关系。那么再来讨论一下渔文化的定义。学术界关于渔文化的概念主要有以下三种代表性观点:

第一种是比较笼统的观点,认为渔文化是人类在社会历史发展和实践过程中受到渔业影响而创造出来的物质财富和精神财富的总和。

第二种则较为具体,认为既然文化是指人类在社会实践中所创造的物质财富和精神财富的总和,那么渔文化也具有类似的发展特质;渔文化就是指以渔业生产为中心,并由此衍生出来的风土人情、传统习俗、生活方式、文学艺术、行为规范、思维方式及价值观念等,是物质世界和精神生活的文化总和。

而第三种观点则从广义和狭义两个方面对渔文化做了界定,认为广义上渔文化是人类在渔业活动中所创造出来的各种有形、无形的关系与成果,比较具体的有渔神信仰、渔船渔具、渔歌渔谣、渔民号子、渔风渔俗、渔业伦理、渔业法规与制度等文化事项;而从狭义上来说渔文化主要指人类在渔业活动中所创造的精神财富的总和。

从上述三种观点中,我们可以得出渔文化是指人类在渔

---

① 同春芬,刘悦. 论鱼文化与渔文化[C]//上海海洋大学海洋文化研究中心. 2012年中国社会学年会暨第三届中国海洋社会学论坛:海洋社会学与海洋管理理论文集,2012.

业生产活动中所创造的物质财富和精神财富。换句话说，渔文化是基于渔业活动产生的物质和非物质财富的总和，是人们在渔业实践中所取得的有形和无形的历史遗存。同其他文化一样，渔文化具有丰富的内容，它不仅包含鱼文化，而且包含有关贝类、蟹类、虾类、藻类等其他渔业经济生物的文化事项。大部分人都认同渔文化以"活态"传承形式存在于社会生活的各个领域，是与百姓生活结合最紧密的、最接地气的一种产业文化。

中国海洋大学曲金良教授在《关于中国渔文化的基本理念与开发利用原则》一文中指出："渔文化是中华民族以江河湖海为环境资源条件，以渔产和水陆贸易为生存发展手段，在漫长的历史中积淀形成的以水陆地域社会民俗文化为主要形态的独具特色的物质生活与精神生活方式。"[1]这个定义可能更具有权威性。

另外要说明的是由"江河湖海"而产生的渔文化和海洋渔文化之间存在一些差异，但两者之间有共通性。同样，海洋渔文化作为海洋文化中的重要文化元素和形态也是无可争议的。有研究认为，象山渔文化从广义上由诸多文化丛及其文化因子构成，包括建筑文化、饮食文化、习俗文化、艺术文化、信仰文化、心态文化、社会规范以及社会组织。[2]还有研究认为，海洋渔文化是渔民在其生存的海洋自然环境中涉及生产、生活两大领域的一切社会实践活动的成果，包括以

---

[1] 曲金良. 关于中国渔文化的基本理念与开发利用原则[M]//郦伟山. 渔文化研究（二）. 北京：中国文史出版社，2009.
[2] 励东升，朱小敏. 传统渔文化资源的现代化转型——中国开渔节对传统渔文化的传承和发展研究[J]. 海洋经济，2012（06）：20-25.

渔歌为代表的民间文化、以造船织网为代表的生产文化、以开渔节为代表的节庆文化、以民俗信仰为代表的观念文化、以渔村组织为代表的组织文化以及其他文化。[①]那么，我们也可以这样从广义上去理解中国渔文化以及浙东渔文化。从以上观点中，我们可以了解到渔文化是一个包罗万象、博大精深的文化形态。

浙东临海，气候湿润，洋流交错，岛屿众多，海洋资源丰富，因此渔业兴盛。在那里，渔民世代以海为生、勤劳作业，沿海渔业发达，渔业文化历史悠远、古韵悠长、内涵丰厚。

第二节 渔文化的历史

众所周知，渔业是人类最早的生产活动之一。古时沿海临湖先民就"木石击鱼，捕而食之"。我国的渔业始于农耕文明之前，历史源远流长。渔业包括原始渔业、传统渔业和现代渔业三个阶段。渔业的产生和发展对于中华民族的生存发展与绵延生息有着非常重要的作用。在历史长河、在这悠悠岁月里，在渔业发展的基础上形成的渔文化，成为影响社会和推动历史不可缺少的一部分，是中华民族的伟大创造，也是中华文化的光辉一章。正如谢仲权（1999）所说的那样，

---

① 王国安. 海洋渔文化的保护与开发研究[J]. 中共宁波市委党校学报，2014（02）：117-122.

中国渔文化是中华民族自起源在中华大地上，经原始社会及各历史阶段孕育出来的具有丰富科学内涵的文化。①

根据考古学研究，中华大地上的渔文化发轫于旧石器时期，可以追溯到距今一万五千年到五万年以前。人们在从事渔业生产实践的漫长的历史岁月中，逐渐产生和积累了大量的物质财富和精神硕果。从各色渔船渔具到人们的衣食住行，从鲜活的鱼类到流传的故事传说，渔文化已经渗透到了社会各个领域、生活方方面面。先人的智慧在这文化的积淀和传承中一览无遗。现存商代印纹鱼篓纹陶罐就是最好的历史见证，它清晰而鲜明地印证了，早在夏商时期，中国的渔业生产技艺已经达到了一定的高度，与此同时，中国渔文化也不断发展和丰富。在唐朝和宋朝时出现了渔文化的两次高潮。历朝历代的许多学者文人为后世留下了大量的文化瑰宝，其中不乏关于渔文化的学术专著、戏曲文艺、故事传说、诗词歌赋、图文画作、鱼宴烹饪等。中国近代第一部渔文化专著是沈同芳撰写的《中国渔业历史》一书，由上海江浙渔业公司在清光绪三十二年（1906年）铅印发行。②这些丰富而灿烂的文化既反映了渔民们的艰辛和奉献，也体现了渔民们的智慧和创造，既显示了江河湖海的气势磅礴，也记录了水产珍品和特色佳肴。极具中华民族特色的渔文化全方位地渗透到了政治、经济、社会、文化、生产、生活方方面面，是中华文化中一抹鲜亮的色彩。

---

① 谢仲权. 中国渔文化之二——渊远流长的中国渔文化[J]. 北京水产，1999（03）：35-36.
② 李勇. 百年中国渔文化研究特点评述[J]. 甘肃社会科学，2009（06）：95-98.

浙东海洋线漫长，沿海渔业发达，历史渊源悠长。1969年，温岭箬横镇朝西大队出土了新石器时代的独木舟，它足以证实台州海洋文化的源远流长。1973年发现的宁波余姚河姆渡遗址，其出土文物中就有船桨、船型陶器、鱼骨，可见原始居民已经开始在水域进行捕捞作业。在1988年发现的宁波象山塔山文化遗址中出土的大量器形上的纹饰中有鱼纹、鸟纹、涡纹等，这说明塔山人已经对近岸海洋作业进行简单的描绘和记录。宁波象山塔山遗址是新石器时代考古挖掘中最靠近海洋的山坡遗址，是浙东地区人类探索和利用海洋的重要证据之一。它的发现是对河姆渡文化的一项重要补充，极大地丰富了河姆渡文化的内涵。它还是新石器时代考古挖掘中最靠近海洋的遗址，并为钱塘江以南河姆渡文化之后古文化研究增添了十分重要而宝贵的材料。国家文物局曾这样评价："象山塔山史前文化遗址的发现和发掘，体现了我国考古文化的新成就，对研究江南地区史前文化乃至中国历史都具有重要意义。"众所周知，舟山古称"海中洲"，海洋文化历史悠久。据史书记载和出土文物考证，早在5000—6000年前的新石器时代，就有人类居住在舟山本岛西北部的马岙原始村落的99座土墩中，创造了光辉灿烂的"海岛河姆渡文化"，因此马岙也被誉为"东海第一村"。这里是中国人最早走向海洋的地方之一，是大陆史前文化的重要组成部分。作为人类海洋文化摇篮之一的马岙在新石器时期是舟山人活动的中心，充满着神秘感而又带有浓郁的海洋气息。另外，浙东还是古代海上丝绸之路的重要地区，其中宁波和舟山是海上贸易的重要商埠。可见浙东人一直缘海而邑、依海而生、耕海牧渔、开埠通商,在有形和无形间自然而然地创造出了独特灿烂的浙东渔文化。

第三节 渔文化的发展

渔文化是人类文化体系中的一个分支,对社会的发展和繁荣有着重要的影响。中国历史绵延久远,人们在渔猎农耕的生活实践中积累了智慧、建立了文明。中国是渔业大国。我国的渔文化历经万年的沉积、调适、发展与传播,对社会的影响更加深远,同时其文化的内涵更加丰富。随着社会经济的不断发展,渔业和休闲、旅游、观光等有机地结合起来,渔业文化与渔业产业的交融越来越深入,由此产生了很多相关的经济文化项目,如观光渔业、都市渔业、休闲渔业、海上垂钓、特色餐饮、观光旅游、休闲娱乐以及衍生出来的渔文化创意产品等,这些都受到了大众的欢迎,也促进了现代渔文化的发展与繁荣。

浙东地区海洋资源丰富,岛屿众多,渔村密布,渔业兴盛。各地对渔文化的发展和传承尤为重视,也取得了一定的成果。2001年台州温岭渔民姜爵清创办了台州首家渔家风情博物馆,用大量的船模再现了人船交融、海上捕鱼的场景,2005年时任浙江省委书记的习近平曾莅临参观。2004年5月在宁波象山成立了我国首家渔文化研究会——象山渔文化研究会,开启了渔文化研究的系统工程。同年,全国第一家《渔文化》杂志在此诞生。2006年5月，中国文联与中国民间文艺家协会授予宁波象山"中国渔文化之乡"的称号，这里也建立"中国渔文化研究基地"。2008年8月由象山县渔文化研究会、宁波海洋与渔业研究院、宁波市水产行业协会联合发起成立了宁波渔文化促进会。2015年中国舟山国际水产城提升改造工程完毕，设立渔文化展示馆。该展馆以"渔"为主线，展示了沈家门渔港特色，演绎了东海渔文化的发展历程。2016年中国水产学会渔文化分会在舟山普陀区成立。2016年舟山沈家门渔港小镇获评首批省特色小镇文化建设示范点，位于鲁家峙的普陀海洋文化创意产业园承担了小镇渔文化体验区的功能定位。另外，近年来随着对海洋文化研究的深入，学术界对渔文化研究日趋关注，以舟山、宁波、台州等地为代表的渔文化研究成果尤其丰富，出版文献有《舟山渔业史话》《舟山海洋鱼文化》《舟山渔业世纪回眸》《嵊泗渔业大观》《渔文化研究》《中国历代咏渔诗词三百首》等等，还有相关期刊、中国渔文化网站等。[①]浙东各地、各平台、各领域都为促进浙东渔文化的发展做出了不懈的努力。

浙东渔文化在不断的发展进程中展示着它无穷的魅力和无限的可能，这是极具地方特色和地域优势的文化瑰宝。在浙东民众的努力下，在专业人士的指导下，当地渔文化的资源将不断开发、不断丰富。随着"一带一路"倡议的实施和社会主义建设新时代的发展，浙东传统渔文化将融合更多的现代元素、地域元素和艺术元素，继续传承，不断创新，不

---

① 韩真，张洁，刘红艳，等. 浙东沿海渔文化数据库建构研究[J]. 浙江海洋学院学报：人文科学版，2015（05）：63-67.

仅给浙东地区的人们带来更多精神上的力量,也势必会沿着丝路、迈着开放的步伐传播到海内外。

第四节　渔文化的特色

从原始社会到现代社会,渔文化作为一种文化形态,一直推动着历史的创造和文明的传承。在中华大地上,渔文化源远流长、世代相传、千姿百态、风格各异。总体而言,我国的渔文化具有四大特性,即历史性、地域性、民族性和时代性。所谓历史性是指渔文化历史悠远、内涵丰富,是中华文化中的一个重要分支,记录着华夏大地的变迁。从出土的文物来看,先人留下了不少渔文化遗物。可见古人早就用智慧将海为我所用,利用形式各异的渔具工具拉网捕鱼,还用"渔"元素装点生活。渔文化,如同博大精深的中华文化一样,历经了漫长曲折的发展历程。所谓地域性主要指渔文化具有地方特色。中国腹地辽阔,有内陆渔文化和海洋渔文化之分,也有南北渔文化差异,但共同点是渔文化作为一种极具地方特色的文化形态,已然成为推动各地历史发展和文化传承的重要力量。民族性是指渔文化的民族色彩浓厚。我国自古以来就是一个多民族国家。各民族因地理环境、历史发展、风俗习性、饮食习惯、文化传统等多元因素的差异而形成了浓厚的民族特色,渔文化也不例外。所谓时代性是指渔文化同任何文化一样具有鲜明的时代特色。渔文化与其他各种文化互相交融，齐头并进。渔文化是开放的、包容的，与时俱进的。

浙东地区海岸线绵长曲折，海域宽、水位深，自古就是渔业重地。浙东渔民务实、勤劳、聪慧、勇敢，海洋是他们的生存家园，是他们赖以生存的福地和信仰。浙东渔区的民间习俗在历史上受到了吴越文化和海洋文化的影响，既具有中华民族的传统习俗，也有别于内陆的农耕习俗文化，是一种具有独特性的存在。浙东先民在数千年的海洋开发过程中，创造了富有特色的渔文化，如象山渔镇的节庆文化、庆安会馆的妈祖文化、石浦古镇的渔俗文化、嵊泗渔场的渔商文化、普陀山的观音文化、沈家门的渔港文化、洞头东岙村的景观文化等，这些都是浙东先民创造海洋文化能力的最直接体现。[①]浙东渔文化历史久远，广博深邃，融合了鲜明的地域特色和民族风情，是浙东海洋文化极具色彩的重要文化构成，并随着时代的变化和实践的发展在兼收并蓄中历久弥新。

以上主要从整体的层面对中国渔文化的历史和演变做了概述，然后分析了浙东地区的渔文化总体情况，内容主要包括渔文化的定义、渔文化的历史、渔文化的发展和渔文化的特色四个方面。那么浙东渔文化如何呈现它的多姿多彩、丰富鲜活呢？让我们启程，体验浙东的渔俗，聆听浙东的渔歌，说说浙东的渔谚，品尝浙东的渔味，亲历浙东的渔趣吧！

---

① 韩真，方胜华，张杰，等.浙东地区渔文化特色数据库建设研究[J].图书馆研究与工作，2018（08）：45-49.

第三章 多彩鲜活的浙东渔文化

每一种文化下面都有若干具体的文化形态作为载体,延续和传承作为文化整体的物质形态和精神内涵。[①]浙东渔文化也不例外,它以多彩的形式、绚丽的姿态、十足的韧性代代相传,渔风渔俗、渔歌渔谚、饮食文化、渔家技艺以及浙东非物质文化遗产等都是浙东渔文化的具体体现。

---

① 孙悦湄. 象山海洋渔文化音乐形态及其民俗表征[J]. 艺术百家,2017(03):179-188.

第一节 渔 俗

浙东人临海而居，向海而生，历经千百年的生产活动和生活实践，逐渐形成了生动鲜活、精彩纷呈渔俗文化和传统。据考证，渔俗文化最初源于先民们对大自然的认知局限。他们一方面凭借自身的实践去尽力适应外部环境，另一方面在精神上祈求神灵庇佑，以保平安。从现实角度来看，渔俗文化的形成主要与沿海渔村所处的地域、生态特征和渔民的心理特征相关。[①]浙东渔家民俗民风历代传承、经久不衰，体现了渔民们畏海、敬海、爱海之情以及祈盼风调雨顺、渔业丰收的美好愿景。

一、开洋、谢洋、祭海

渔民出海作业时间主要取决于季节、渔期、气候、潮水等因素。一旦渔汛出现，千帆出海，甚是壮观。出海捕鱼是渔家大事，因此产生了很多习俗，例如择日、求神、禁忌等，以保佑自家一帆风顺、满载而归。

渔船出海俗称"开洋"，顾名思义是指渔船出海捕捞或者

---

① 何旭，林红. 渔俗文化浅论——兼论"中国开渔节"对渔俗文化的传承与创新[J]. 宁波经济：三江论坛，2005（05）：41-43.

海船开航之意。古代书籍中也有关于"开洋"的记载。例如《元典章·户部八·市舶》中写道："差正官一员于舶船开岸之日,亲行检视,各各大小船内,有无违禁之物,如无夹带,即时开洋。"再比如,《真腊风土记》是元朝周达观于1295年前往柬埔寨考察时留下来的历史资料,其中有书:"以次年丙申二月离明州,二十日自温州港口开洋,三月十五日抵占城。"成书于明朝年间的《顺风相送》是古代的一本导航手册,其中对钓鱼岛及其附属岛屿有这样一段阐述:"福建往琉球。……北风东涌开洋,用甲卯取彭家山,用甲卯及单卯取钓鱼屿。"在明朝末年凌濛初编著的拟话本小说集《初刻拍案惊奇》第一回中就有:"众人事体完了,一齐上船,烧了神福,吃了酒开洋。"可见"开洋"一词由来已久,同时也说明中国航海实践历时悠久。

浙东渔民对"开洋"尤为重视。渔汛时节,渔民们选定良辰吉日,烧香跪拜,祭奠海神。"祭海"仪式隆重;用果品、糕点、猪头等供奉"海龙王",并燃烛、敬酒、跪拜,祈祷出海平安、喜获丰收。"祭海"是我国浙东沿海民间极具海洋文化色彩的民俗之一,在宁波象山、舟山岱山都保留了原汁原味的祭海仪式,体现了鲜明的地域特色,展示了浓厚的渔俗文化,因此在2012年"祭海"入选第四批浙江省非物质文化遗产名录。其实,祭海这一习俗古而有之。早在《元史记·封禅记》就"秦并六国,于雍地即有四海,风伯雨师,填星之属,百有余庙"的记载,而这种祭祀习俗传到了浙东沿海则成了渔民对大海感恩和崇敬的表达。

渔汛生产活动结束,俗称"谢洋",顾名思义就是"辞别大海"之意。舟山就有渔谚："夏至南风呼呼响，看侬谢洋勿谢洋。"民国7年（1918）修编的《岱山镇志》的"志渔"篇有记载如下："所谓大鱼厂者须于上年秋冬之间预备如放桁头、雇工人、定劈手等，至次年立夏日开节，至六月廿三止，谓之'大谢洋'。"根据传统，浙东渔民在结束一个渔汛生产期、渔船平安返航后一般都会开展传统民俗活动，以表达对海龙王的感恩之情。同样，"祭海"仪式作为重头戏依然上演，渔民们用猪头等祭品以谢龙王的保佑和大海的恩赐。

渔民开洋、谢洋节是2008年经国务院批准列入第二批国家级非物质文化遗产名录的一种传统民俗。在2019年11月公布的《国家级非物质文化遗产代表性项目保护单位名单》中，舟山的岱山县非物质文化遗产保护中心和宁波的象山县文化馆是获得渔民开洋、谢洋节项目保护单位资格五家中的两家，可见浙东当地非常重视渔俗仪式的传承和保护。

二、求子、婚嫁、丧葬

浙东沿海地区婚丧嫁娶的习俗也别具特色。当地渔民受到传统"礼乐文明"的影响，非常重视出生、婚嫁、丧葬这些人生礼仪。

浙东渔民与陆地居民一样，都有求子习俗。渔民对生子的诉求更为强烈，除了"繁衍子嗣、光耀门楣"的传统思想外，这也是客观生存条件所致。对于旧时的渔家来说，男子能承担起家业，而通常认为女子不宜下海，故而"多子多福"的观念就延承了下来。当然，随着时代的进步，"重男轻女"

的思想早已过时，而且从渔民家庭走出来的女大学生已不在少数。祈神求子现在成了渔俗中的一部分。浙江舟山的普陀山以观音文化而闻名，被誉为观音道场，因此有很多人慕名前来拜送子观音。浙江舟山嵊泗东部海域的一个小岛上有个送子娘娘庙，据传求子灵验，因此那个岛被称为"求子岛"。浙江台州温岭有个石塘渔村，那里有个习俗，想要求子的妇女喜戴婆仔鱼形贴身肚兜，以望求子得子。浙东沿海妇女怀孕后，家人会求龙王保佑，早生"龙子"。

再讲讲渔家婚嫁风俗。浙东渔家婚俗讲究且有特色。旧时渔民早婚，一般采用"父母之命、媒妁之言"，合八字、下聘礼、定吉日，具体有"请庚帖""过庚帖""纳吉""过书""下定""送日子书""迓妇""搬嫁妆""拜堂成亲""贺郎""闹新房"和"回门"等一系列的风俗。随着时代的变迁，现在渔家的婚嫁虽然没有那么多繁文缛节，但礼仪还是有的，而且比当地其他住民要丰富许多。浙东地区的宁波、台州、舟山渔民婚俗大体相似，体现了这片地区独特的风情习俗。另外，说到婚嫁，不得不提到"十里红妆"，这是浙东地区特有的婚妆民俗，旧时在宁波海宁地区尤为盛行，新娘子八抬大轿，盛妆出嫁，送嫁队伍绵延十里，喜庆洋溢，故称做"十里红妆"。2019年11月，《国家级非物质文化遗产代表性项目保护单位名单》公布，十里红妆博物馆获得"汉族传统婚俗（宁海十里红妆婚俗）"保护单位资格。另外，在舟山海岛民间，渔家嫁女还有住春的风俗。一般正月里新娘子是不能住在娘家的，初二到娘家拜年后就得当天赶回婆家，娘家会在二月初二接已出嫁的女儿到娘家小住。

生、老、病、死是人生周期，那么丧葬就是人生的最后一步。浙东沿海渔家在这方面有哪些风俗呢？渔民们一生风里来雨里去，还是希望给自己能够有个很好的归宿，因此到了一定的年纪，就会萌生"做寿坟"的想法。"寿坟"落定，以求安心。随着文明习俗的传播，目前大部分渔民选择了火葬，而非土葬，正所谓"破除千年旧俗，留住青山绿水"，渔民的观念也随着时代的变迁而发生了改变。现下海葬在浙东沿海地区也越来越为当地人所接受，这是一种更为清洁的、环保的、生态的丧葬方式，骨灰撒海，回归自然，此生无缺无憾，这体现了渔民对大海深深的眷恋，这也是对自己一生的交代和总结。另外，亲人去世后，家人会为其进行祭祀，如"做七""做百日""做周年"等，以表达对亡故亲人的哀悼与思念。三年期满后，对已故亲人的怀念主要以在农历春节、清明、冬至等重要传统节日做"羹饭"来表达，这些习俗在浙东沿海地区保留至今，但形式更简化，也更文明了。

三、渔家海神信仰

渔民对海神的信仰自然天成，浙东沿海民众也不例外。千百年来，渔民们与海相伴、依海而生。海洋一望无际、波澜起伏、神秘变幻，时而给予渔民惊喜收获，时而又带来风雨苦难。渔民渴望平安祥和、衣食无忧，因此萌生了对超自然力量的崇拜与信仰，这就是对海神的信仰，它伴随着世世代代的渔家子民。这种习俗已经从迷信发展成了基于生活的一种意识和信念，它源于地理环境、历史文化、生产实践以及对自然的认知等综合因素的交错和融合,对此我们应该正确对待、予以尊重,同时也应该让更多的渔民了解科学、认知世界。

那么浙东渔民渴望受到哪些神明的庇佑呢?首先应该是海龙王。很多当地的民众认为海是海龙王管辖的,而舟山嵊泗列岛是东海龙宫的所在地。对海龙王的信仰缘于古人对龙的崇拜。在我国,我们认为自己就是龙的传人。在中国的神话中,龙是海洋的主宰,掌握着天地的雨水,呼风唤雨,威力无穷。我们熟知的歇后语"大水冲了龙王庙,自家人不认识自家人"就是比喻自己人误会了自己人。对于仰仗天气和海洋环境生存的渔民来说,海上作业需要海龙王的保佑,以期海产的丰收。渔民在海上捕鱼,其实是侵犯了龙王的圣地,因此要在出海前供奉龙王,以得到龙王的默许和护佑。在浙东渔村修建了很多龙王庙。相传农历六月初十是龙王的生辰,渔民们会在这一天前往龙王庙烧香跪拜、祭奠祈福。

在浙东的台州地区还有关于龙母的传说,这个龙母的版本跟两广地区的龙母传说不同。相传很久以前在台州椒江有位未婚女子因误食东海漂浮的珠子而怀孕。过了十几个月,女子腹痛,诞下一黑一白两个胎儿。没等她看清,突然风雨大作,孩子们消失不见了。自此,女子终日以泪洗面。可每每在深夜,恍惚之间,女子感觉有两个孩子一左一右在吮吸她的乳头,但醒来后却不见孩子的踪影,心里甚是失落。于是,有一天晚上她在梦里喃喃而语,询问孩子是否可以见上一面。孩子问母亲,如果不害怕,可以见上一面。女子肯定地回答,无论如何一定要母子相见。于是第二天,东海洋面上乌云席卷而来,伴着一阵闪电,两条硕大无比的巨龙翻腾而来,掀起了巨浪。原来女子诞下的是一黑一白两条龙子。即便女子心里有所准备,但由于龙形巨大,而且雷声轰鸣、暴风骤雨、翻江倒海,女子惊惧,被冲入海水中,一下子就不见了。等到捕捞上来,女子已故。这是母子第一次相见,但也是最后一次。有人说这是东海龙王借腹生子。民间为了纪念双龙的母亲,在龙潭岙修筑了龙母娘娘庙,每年农历二月初九即龙母与龙子相见之日,人们会来庙里祭拜,祈求平安。相传每到这一天,龙潭岙会下起雨来,这是龙子探望母亲并流下了思念的眼泪。

普陀山位于浙东海域,素有"浙东门户"之称。那里海山一色,绿树成荫,寺庙云集,佛音绕梁,作为观音道场,世代香火不断。传说当年日本僧人慧锷从五台山请观音菩萨像回国,船经普陀山洋面遇阻,人们以为观世音不愿东去,于是就在岸边留下了佛像,由当地的渔民供奉,并建了一座小庵堂,名为"不肯去观音院"。这个传说体现了当地渔民与观音有着很深的缘分。浙东渔区有很多观音菩萨的信徒,他们认为观世音大慈大悲、救苦救难、佛法无边、普度众生。关于观音救世的传奇故事在当地民间不胜枚举,可见渔民们对观音的敬仰与崇爱,也印证了观音信仰在浙东渔民中根深蒂固、影响深远。浙东沿海有很多寺庙供奉观音像,一般渔家也会有佛龛供奉观音。人们点上三炷香,祈祷观音保佑家人无病无灾、一生康健,保佑出海的渔民喜获丰收、平安归来。

妈祖信仰诞生于宋代福建莆田湄洲岛,之后慢慢传到了浙东沿海一带。传说妈祖原名林默,唤作"默娘",自幼聪慧,闻一知十,心地善良,乐于助人。一天,她梦中得知父兄遇险,因此她不顾风浪,极力营救,自此"默娘救亲"的故事传遍沿海乡邻。她善观天象,熟悉水性,以拯救海难、保护船家为己任,最后幻化成了一尊石像,在湄山峰顶遥望海江,护佑渔民。关于她的美谈世代传唱,在浙东沿海也不例外。比如在舟山嵊泗岛上就建有"天后宫",供奉着妈祖像,那里的渔民把妈祖尊称为"天后娘娘",并且经常到天后宫烧香燃烛、跪拜祈愿。在宁波地区也是如此。据传,当年从宁波出发去朝鲜的出使船"顺济"号在海上遇到风浪,就曾受到默娘的救助,因此在宁波也建有天后宫。而象山一带多妈祖庙,比如象山石浦东门山头屹立着妈祖像,当地渔民视妈祖为海上守护女神,每到重要节日,会自发到神像前举行祭祀祈福活动,祈求平安祥和、风调雨顺、渔业多产、世代兴旺。

在浙东地区,被渔民请上船的神灵有很多,除了之前提到的观音、妈祖,还有历史人物,比如关羽、鲁班等。有些地方把关羽称作船神,用他的正义和勇猛来帮助渔民们在海上逢凶化吉、化险为夷。浙江宁波象山有个东门渔村,它被视为渔业重镇、海防要塞,现在被誉为"浙江渔业第一村"。每年农历五月十三是村里一年一度祭拜关公关老爷的日子。浙江舟山群岛东侧有个东极列岛,那里的渔民供奉着一尊"龙裤菩萨",他也是渔民信奉的海神之一。据传大约在清光绪年间,来自福建的渔船在东极洋面遇上风暴,只有一位名叫陈财伯的渔民幸免于难,游到了东极的庙子湖岛上存活了下来。之后,他不顾艰险,心系渔民们的安危,用枯枝野草点燃篝火引航附近海域的渔船,为它们指点迷津、指明方向。在他死后,渔民们用他的形象塑造了神像,因他穿背单、着笼裤,故人们尊称他为"龙裤菩萨",并为他立庙祭祀,请他世代庇佑渔家。

四、渔家传统禁忌

禁忌,就是禁止某种行为、忌讳某种事物等,是一种约定俗成的禁约规范。正如俗语道:"脚踏船板三分命",渔家讨海生活,依赖自然,为保平安,除了祈海神、求顺遂之外,传统禁忌也不少。比如上面已经提到的女子不宜上船,另外不允许渔船搭乘,特别怕七男一女,因为这样犹如八仙过海,挑衅海龙王,龙太子要来抢亲,造成翻船意外,变得有去无回。这些禁忌源于古代的一种传统意识,女子属阴,男子属阳,海为水,水属阴,因此需要男性的阳来协调,侧面反映了古代"男尊女卑"的思想。

浙东渔家在饮食方面有很多禁忌。在船上开饭,渔民不能先吃,要用筷子撒几粒米到大海,以敬海神。一般渔民在海上的第一顿必须是整鱼。渔家吃鱼先吃头,表示"头头顺流"。吃鱼会吃到底,非常忌讳翻动鱼身,因为"翻"会联想到"翻船",所以有了吃鱼不翻鱼身这个风俗。这个禁忌与《晏子春秋》的"食鱼无反"和《礼记》中的"毋反鱼肉"之说不谋而合。在吃饭礼仪上,渔家忌讳把筷子放在碗上或者盘边,会被理解为"搁船",即渔船触礁;渔家同样忌讳碗、勺子、调羹背面朝上放置,这也是祈求平安、忌讳"翻船"之意。另外,渔家忌讳吃饭时用筷子敲碗,因为有乞讨之意,表示生活窘迫。渔家吃饭也不能将筷子插到碗里,因为这样的摆放只有在祭祖供奉时才有,会被视为不敬、不详。而要求碗要平放,意味着行船太平。在吃饭时,不能伸出筷子去夹别人面前的菜,否则叫"过河",等于越界了。还有,在船上吃鱼时不能吃掉鱼眼睛,因为渔民一般把鱼当作船,无眼鱼就如同瞎眼船,会有触礁或捕不到鱼的不好兆头。

浙东渔家在言语上也有禁忌,最忌说"沉""翻""破"等字眼。甚至于这些字的同音字,都会被认为是不吉利的话,说了等于犯忌触讳,这跟渔民靠出海行船为生有着直接的关系。由于各地方言的差异,也会有不同的言语禁忌。比如舟山嵊泗渔民会用其他的话来代替"水"字,因为水的当地方言跟"输"的发音一样,另外出海前供奉用的猪头叫"利市头",寓意是之后的海上作业一帆风顺。渔船靠岸后不能说"到了",因为听起来像"船倒了"。

旧时浙东渔家还有行为禁忌。比如在船上不能拍手,因为拍手会变得"两手空空,无鱼町牁",意味出海不利,没有收获;也不能在船上吹口哨,因为这等于挑衅海上的风神,会引来风浪,带来危险;不能坐在渔船上两脚悬空放在船舷外,这样会招惹海中的水妖把人拖到海里去;忌把头搁在膝盖上,手捧着双脚,因为这个姿势很像哭泣,被视为不吉;不许在船头大小便,因为船头就是龙头,这是对龙神的不敬,会招来灾祸；过年在船头贴福字忌倒贴，这个跟"倒了"同义，暗示可能有灾祸。总之，在船上吃饭、说话、办事都要三思而行，要避开凶险，以求吉利。

以上的渔家传统禁忌本身并没有任何科学考据，纯粹是渔民在长期的生活实践中因对大自然的无力抗拒、对海洋的无限敬畏而萌生的一些心理依赖，也是对美好生活的一种憧憬，对平安吉祥的企盼。随着对自然认知的不断加深，现代渔民已经学会辩证地看待这些禁忌，也更会用科学来武装自己。年轻一代渔民的成长为现代渔业发展注入了新的生命力。

第二节 渔 歌

在朱自清先生撰写的中国现代歌谣理论专著《中国歌谣》一书中，他将民间歌谣以职业为标准分为田歌、樵歌、牧歌、渔歌、采茶歌等。[1]钟敬文先生也说过，民间歌谣是劳动人民集体的口头诗歌创作。[2]显然渔歌是我国民歌中的一种，也是渔民们口口相传的文艺创作形式。在多彩灿烂的中国民歌中，渔歌一枝独秀，以其质朴、自然的表现方式，吸引了越来越多人们的关注，展现着无穷无尽的魅力。

渔歌主要是沿海地区以及湖泊港湾渔民所唱的歌曲，生

---

[1] 朱自清. 中国歌谣[M]. 北京：作家出版社，1957.
[2] 钟敬文. 民间文学概论[M]. 上海：上海人民出版社，1980.

动地反映了渔家生产和生活的景象。同时，作为渔民风俗中不可忽视的一部分，渔歌在各地广为传唱，称得上是渔文化中的瑰宝。中国地大物博、幅员辽阔，海岸线跨度大，正如各地的地理环境、气候条件、生活习惯存在差异一样，各地方的渔歌也特色不同、风格迥异。

浙东渔歌是浙东渔民在长期的渔业生产实践和生活劳动中创造出来的具有浓郁浙东地域特色和浙东海洋文化色彩的民歌。浙东渔歌是中国渔歌中的一个分支，是浙江民歌的一个组成部分，真实地记录了世代浙东渔民的生活经历，同时也是渔民们感情的真切流露。浙东渔歌的诞生和发展与浙东地区的自然环境、人文历史、社会发展、语言文化、民风民俗、生产实践、艺术活动等各因素有着密切的联系，因此极具浙东地方特色和地域风情。同时，浙东渔歌又受到当地沿海民众的劳动方式、生活习惯、文化传统等直接影响，有着天然的浙东海洋文化因子。浙东渔歌不仅在当地传唱甚广，深入民心，而且随着渔业生产的发展和渔业贸易的拓展，已经渐渐传播到了浙江各地甚至华东地区，尤其是华东沿海地区以及辽阔的东海海域。

浙东渔歌取材于当地的渔业生产和渔民生活，而且体裁多样，常见的包括渔民号子、渔民小调、新渔歌等。

一、渔民号子

跟其他民歌一样，渔歌也是与劳动紧密结合在一起的。在古文献《淮南子·道应训》中有这样的描述："今夫举大木者，前呼'邪许'，后亦应之。此举重劝力之歌也……"这段文字说的就是劳动者们举重木前行，疲惫不堪时，不知道是谁喊出了"邪许"，为的是让自己放松一下，结果其他人也附和起来，于是大家便齐声唱和，似乎脚步不那么笨重了。这就是源于劳动、源于生活的艺术。渔民号子是传统的民间艺术形式，其实就是渔民的劳动号子，是在风浪里吼出来的淳朴粗犷之声。一般渔民在集体劳作（比如下网、捕鱼、收网、入仓）过程中喊唱的带有较强节奏感和渔业生产劳动特色的民歌，往往歌词短小精悍，曲调朗朗上口，伴着渔民的吆喝声和呼喊声，体现了渔民们不怕艰辛、不畏风雨、乘风破浪、勇猛精进的劳动者本质，和粗犷豪放、敦厚质朴、自然洒脱的海洋子民个性。

浙东地区比较具有代表性的是舟山渔民号子，是地方渔民们在海洋上和海岸边劳动时创作并流传下来的口头乐曲，在2008年经舟山市岱山县"非遗"保护中心申报，被列入第二批国家级非物质文化遗产保护名录。作为浙江省舟山市独特的传统民间音乐，舟山渔民号子不仅在舟山海岛区域极具影响力，而且在我国沿海地区的劳动号子中也独具特色，有一定的辨识度和传唱度。舟山渔场作为我国的四大渔场之一，旧时没有机械化的捕鱼作业，渔民们往往采用最原始的人力来完成海上和岸上繁杂的工作，为了能够使大家心往一处想、劲往一处使，调动情绪、统一行动、提高效率，喊唱号子就自然形成了。舟山渔民号子是伴随着渔民的劳动而产生的，内容丰富，歌词多以"呀啰嗬"等语气词为主要部分，按照渔业劳动的工序可以有起锚号子、摇橹号子、打水篙号子、拔篷号子、起网号子、起水号子、挑舱号子、抬网号子、拔船号子、起钻号子等数十种。其中代表性的曲目是《起锚号子》《摇橹号子》《拔篷号子》《起网号子》等。

先来说一下《起锚号子》。起锚号子，就是渔民们把锚拔起准备开船时中所唱响的号子。它也分成小号和中号。歌词是："哦嗬，也嗬来！哦嗬，也嗬来！啊家哩啦，啊嗨！啊左来，也左来！啊嗬来，啊呀格嗬来！啊呀格来哎，啊呀格来！也啦嗬嗬，也嗬嗨！也嗬嗨，啊家哩啰！啊呀格来啊，啊呀嗬来！嗨呀格嗬来，嗨来格嗬。也啰啊来，呀啦嗨！嗬啦家哩格哎啰！哎三啰，哎啰！啊嗬呀来，唷啰嗬！"号子主要是由语气词组成，吆喝轻重缓急的节奏真实地体现了渔民劳动的强度变化和力气转化的过程。

再来介绍一下《摇橹号子》。据传，在很久以前，木匠的祖师爷鲁班曾到舟山来造船。心灵手巧的他造出了一艘非常漂亮的红丹船。新船下海，当地很多渔民前来摇橹。他们心情愉悦，吆喝着，唱着歌："依哕哎！阿姐来！风外甥、橹娘舅，对拜橹、赛龙舟，单手橹、乐悠悠，摇到渔场喝老酒！"渔民们声音洪亮，号子节奏明快，歌词质朴应景，方言直白顺口，乡情醇厚浓郁，于是大家越唱越有劲，渐渐地这段地道的舟山渔民摇橹号子就被传唱开来。

《拔篷号子》又作《起篷号子》，又名"一六号"或"吔罗号"，分大号、小号两种。歌词是："一六哎嗨，要里格赛力啰；要好啰咳啦，要好啰咳啦；要啰好啰，三来；要啰好，哎撒啦啦啦，啦啦啦啦；哎，撒啦啦啦啦，啦啦啦啦，阿家哩啰，阿家哩啰……"这首号子有领唱和齐唱，节奏铿锵有力，语气粗犷豪放，需要两者很好的配合和衔接。过去因为没有机械动力船，所以渔船主要靠风力启动，蓬即是帆。当渔船要加速行驶的时候，就需要起蓬，这时候渔民们就会唱起拔蓬号子。当风越来越大时，拉蓬就越来越重，号子声就会从小转大，力度就会由弱到强。

最后介绍一下《起网号子》。渔民撒网捕鱼，待鱼儿、虾蟹们进网后，渔民们就开始准备起网了，这时候就开始唱起网号子。大家齐唱："一拉金啦，嗨唷！二拉银啦，嗨唷！三拉珠宝亮晶晶，大海不负捕鱼人！汗足，汗足，汗足，汗足……"伴着嘹亮有力的号子声，渔民们齐心协力把渔网拉到船上。这就是起网号子，是渔民们拉网时候吆喝唱着提升士气的。那么为什么渔民要唱"拉金""拉银""拉珠宝"呢？相传，在上古时期，黄帝与蚩尤大战，这就是著名的"涿鹿大战"。最后蚩尤战败，被黄帝活捉。但他很不甘心，偷了黄帝的百宝袋，就往东海逃，结果不幸被黄帝发现了。黄帝开弓用羽翎箭射破了那个百宝袋，百宝袋里的金银珠宝就纷纷落入海洋里。一时间，金子变成了黄鱼，银子变成了带鱼、鲳鱼、鳓鱼，珠宝变成了珊瑚……这片海域一下子变成了"东海鱼舱"。从这个民间传说中，我们不难理解为什么渔民们在拉网号子中唱着"拉金""拉银""拉珠宝"了。

我们不难发现舟山渔民号子与劳动密不可分。听到这些歌词，我们的脑海中会自然浮现出一些画面，渔民们或在渔船上或在海岸边，用尽力气辛勤劳作，活得非常真实。这些渔民号子不仅蕴含着浓郁的海洋民俗文化，还带有丰富的民间神话色彩，让人意犹未尽。每首渔民号子都有自己的特点。

以上面几首为例,《起锚号子》节奏强烈、气息短促,《摇橹号子》节奏明快、气息舒畅,《拔篷号子》节奏有力、气势十足,《起网号子》节奏鲜明、使人士气高涨。这是渔民们在狂风大浪中唱出来的,在艰辛的苦难中吆喝出来的,是渔文化的瑰宝,是渔文化的历史!

二、渔民小调

介绍完独具特色的渔民号子,再来聆听一下渔民小调吧!小调一般分为吟唱调、谣曲和时调等。这里的"渔民小调"主要是指除了传统渔民号子和新时代渔歌之外的渔民歌谣。浙东渔民小调有着鲜明的地域特色,一般曲调朗朗上口,旋律自然,歌词通俗,使用方言说唱。这里也同大家一起分享浙东各地具有代表性的渔民小调,来观察一下它们的特点吧!

首先,浙东地区都有极其相似的关于"吃海货"的渔民小调,而且采用的方式是"问答型",你问我答,情趣十足,而且传递了丰富的鱼类知识。比如在宁波有这样一首渔民小调。

(问)啥鱼好吃头太大,啥鱼好吃刺太多,
　　　啥鱼好吃吃半边,啥鱼好吃脚爪多?
(答)黄鱼好吃头太大,鳓鱼好吃刺太多,
　　　肉鳗好吃吃半边,乌贼好吃脚爪多。

这首小调听似寻常,但实则蕴含着渔民的生活智慧,把渔民日常饮食中的一些小门道都唱进了小调里,让聆听者增长了知识。这样的小调在舟山地区也很常见,比如下面这首《对鱼歌》。

(问)啥鱼头上两根须,啥鱼走路扑通扑通会摇橹,

　　　啥鱼头上七颗星,啥鱼背脊画麒麟?

(答)雄鱼头上两根须,弹涂鱼走路扑通扑通会摇橹,

　　　乌鳢鱼头上七颗星,鲟鳇鱼背脊画麒麟。

这首小调的形式跟前一首一样,采用的也是"问答"方式,生活气息浓郁,一问一答,尽显朴实与智慧。不同的是前一首讲"吃",这首是关注"形",犹如猜灯谜一样,新奇而有趣。这样的小调在舟山地区不止一首。

(问)啥鱼眠床在娘肚,啥鱼阿娘当老婆,

　　　啥鱼捉牢眼泪流,啥鱼嘴巴生在脚夹缝?

(答)鲨鱼眠床在娘肚,鲨鱼阿娘当老婆,

　　　海龟捉牢眼泪流,望潮嘴巴生在脚夹缝。

这首小调也风趣十足,将海里的动物,特别是鱼类,描写得惟妙惟肖、生动形象。用舟山方言唱起来就非常有画面感,就如同日常对话,朴实而亲切,风趣也幽默。这样的渔民小调还有呢!来听听《老实头歌》,这个关注的可不是鱼类,而是贝类海产。

(问)长长胖胖是啥东西罗?扁扁圆圆是啥东西罗?

　　　圆圆胖胖是啥东西罗?毛毛戳戳是啥东西罗?

(答)长长胖胖叫蛏子罗,扁扁圆圆叫蛤皮罗,

　　　圆圆胖胖叫蚶子罗,毛毛戳戳是手桔罗。

听吧,绘声绘色,还用到了很多的叠词,尤显可爱。以上四首渔民小调的形式其实跟《刘三姐》电影里的山歌对唱很相似。源于劳动生活的内容,用曲艺的方式表现出来,增加了趣味,普及了知识,展现了劳动人民的聪明才智。

还有一些渔民小调是描绘渔民生活的。比如在宁波镇海有这样一首体现渔民俭朴生活的谣曲,是这样唱的。

天当被,水当床,

吃吃咸卤汤,脚娘肚当米缸。

听完这首渔谣,我们心中不免感伤。旧时渔民以天为被,以船为家,一生漂泊不定,生活动荡艰辛,常常食不果腹。还有一首也同样表现旧日的渔家生活。

困困湿舱板,吃吃雨淘饭,

扯铃扯八角,日夜鱼虾摸。

鱼虾摸来别人家,自家吃点豆腐渣。

歌词直白,唱尽辛酸。旧时渔民的生活条件很艰辛,日夜辛勤出海捕鱼,但美味的鱼虾却呈上了别人家的餐桌,而自己只能节衣缩食,紧巴巴地过日子。还有一首比较知名的宁波镇海《招宝山外渔歌》,唱词是这样的:

张大哥,李大哥,大家一道唱山歌。

你理网,我把舵,金鸡护虎蹲两面过。

这里的鱼儿大又多,大鱼小鱼入网啰。

鱼呀坷勒满船多,一重租税二重课,再加海盗多折磨。

鱼价便宜米价大,叫我咋样养老婆!

这首渔民小调信息量更丰富一些,不仅描绘了渔民出船、撒网、收网的劳作全过程,唱出了渔民丰收时的喜悦之情,还描写了旧时各类的苛捐杂税使渔民们的生活蒙上了阴影,导致的心情低落悲切。

说到招宝山,不得不提到镇海,它是历史上中国重要的海防要塞、浙东门户。而招宝山本身就有"英雄之山"的美誉,是1885年的"中法战争招宝山之役"的发生地,也是中国海岸线战争历史上唯一一场全胜战役的所在地。

渔民小调中还有唱渔家人情感的。渔家情歌以其特有的方式袒露胸臆,抒发对出海远航的亲人的思念和挂牵,表现渔民丰富细腻的内心情感世界,如《我郎命真苦》:

我郎命真苦,海里柯大捕;

上落拔泥涂,吃饭无工夫。

也有对旧社会渔民悲惨生活的血泪控诉,如《渔民头上三把刀》:

渔民头上三把刀,渔霸海匪加风暴。

渔家门前三条路,挨饿跳海坐监牢。

除了生活的艰难,很多渔家小调也诉说了渔民出海行船捕鱼的辛苦。比如舟山的《金塘谣》是这样唱的:

无风无浪,升米过金塘;

有风有浪,斗米过金塘;

大风大浪,石米也难过金塘。

这首渔谣唱的是不同海洋气候环境对渔船过金塘海峡产生的影响。歌词直白、易懂,"升""斗""石"是传统的容量单位,用渔民们吃的米粮来对比海上航行的难度,吃得越多说明难度越大。这也印证了老话说的"渔民靠天吃饭"。宁波也有这样的渔谣:

船过浪岗山,不翻也要翻。

船到猫头洋,哭爹又叫娘。

三寸板内是眠床,三寸板外见阎王。

这首歌谣反映了舟山浪岗山列岛以及猫头洋附近海域水

深浪大,给途经的渔船带来了很大的风险。渔船内是渔民的家,而渔船外渔民斗天、斗地、斗命运,可能会一夕之间赔上自己的身家性命。难怪浙东地区还有这样的渔谣:

上等之人捋书角,中等之人管田角,
下等之人缩船脚,碰着风浪喳喳哭。

这首歌谣虽然简短,只有四小句,但特别强烈地道出了渔民的不易。虽然职业不分贵贱,而且辛苦的方式也各有不同,但渔民的职业特质决定了很多人会因为不能坚持而放弃,也有很多人会因为心生畏惧而远离。另外,这首歌谣采用了排比的手法,并以"喳喳"这个当地方言收尾,尽显地方特色和方言鱼谣的生动风趣。

当然,新时代的渔民们已经可以利用先进的航行技术、精准的捕鱼器械、默契的团队协作来规避风险,安全生产,幸福返航。

渔民一般按照渔汛出海捕鱼,不同的时节有不同的渔产,这些内容也是渔民小调里的"常客",比如舟山的《四季渔歌》就这样唱道:

春季黄鱼咕咕叫,要叫阿哥踏海潮。
夏季乌贼加海蜇,猛猛太阳背脊焦。
秋季杂鱼由侬挑,网里滚滚舱里跳。
北风一吹白雪飘,风里浪里带鱼钓。
一阵风来一阵暴,愁煞多少新嫂嫂。

这首歌谣呈现了四季各异的丰盛的浙东海产,同时也描绘了浙东渔民在海浪里、骄阳下、寒风中辛勤工作的景象。正是在这样的自然环境中,浙东渔民依然踏浪前行,为生活劳碌,难怪家人会夜不能寐、担忧焦心呢。像这样,以季节、渔汛为序,唱尽渔家事、渔家辛、渔家情的渔民调子还有改编自《东沙渔歌》的《四汛渔歌》:

春汛里春风吹来海螺响唉!杀拉拉嘀嗨,
小黄鱼旺发在吕泗洋呀!杀拉拉嘀嗨,
千网围来万网涨啊,鱼群钻进网里箱,
嗨呦嗨,嗨呦嗨,嗨只,嗨只拔上网,
唉,满满金银闪亮光啊。
夏汛里南风央央上渔场,杀拉拉嘀嗨,
渔民大闹岱巨洋,杀拉拉嘀嗨,
大黄鱼叫得咕咕响,渔民心里喜洋洋啊,
海上过鲜好回洋啊。
秋汛里来东风起哎,杀拉拉嘀嗨,
赶到佘山河蟹起呦,只只门蟹壮又壮,
门蟹壮,门蟹鲜,客人吃得笑嘻嘻唉,
五湖四海传友谊。
冬汛里北风猛猛浪打浪唉,杀拉拉嘀嗨,
嵊上渔场带鱼旺呀,杀拉拉嘀嗨,
条条渔船掏白银唷,冰鲜来回装鱼忙唉,
带鱼尖,带鱼长,条条带鱼锃光亮,
老百姓吃得鲜又香。

这首渔民小调也来自舟山地区。相比较前面一首小调,这首渔民小调融合了渔民号子的特点,伴有地方方言和语气词,同时篇幅比较长,情景交融,信息更为完整。歌词以一年四季渔汛为顺序,春季小黄鱼,夏季大黄鱼,秋季白蟹,冬季带鱼等等，娓娓道尽渔民一年到头忙碌辛苦的生活，同样也清晰地再现了他们满仓丰收的喜悦。

宁波镇海地区的澥浦镇传唱着一首《十二月捕鱼调》，歌词已经不是很完整，但这首小调也是以一年十二个月的捕鱼场景为主要内容，与上面这类渔谣异曲同工，唱出了渔民一年四季靠海吃饭的生活，也体现了大海给予渔民的丰富的自然馈赠。同样的，在台州，有一首名为《十二节鱼名歌》的渔歌在三门县各地传唱。虽然这首渔歌历经传唱，各地版本的歌词略有差异，但这首渔歌小调也同样按照一年十二个月的顺序将多种元素串联起来，包括节气、海产、历史，描绘了一幅丰富多彩的历史画卷。从中也说明了浙东渔民的智慧和才气，他们不仅能够清晰地掌握各种鱼虾蟹贝的特点和习性，而且能够将它们同历史人物、经典故事对应起来，说明渔民们对祖国历史和文化的无限热爱，这就是民间智慧。

正月腊鱼两头低，纣王糊涂宠妲姬，
妲姬娘娘眉一飞，万里江山败到底。
二月鲨鱼背脊乌，岳飞举兵洞庭湖，
牛皋大战牛头山，韩世忠炮打两狼关。
三月鲤鱼尾巴红，周仓大刀好威风，
张飞刘备和关公，三分天下称英雄。
四月海鳗两头甩，卢俊义不肯上梁山，
前番不听宋江话，官府逼迫受磨难。
五月斑鱼眼睛青，唐朝英雄程咬金，
三支令箭解到裴元庆，半路碰着老杨林。
六月弹涂蹦蹦跳，三国英雄算马超，

马超带兵追曹操,割掉胡须卸红袍。
七月米鱼味道鲜,董卓贪色霸貂蝉,
王允巧施连环计,吕布杀父在宫殿。
八月黄鱼晒白鲞,老杨林单爱虎头枪,
打过多少英雄仗,只怕罗成回马枪。
九月鲈鱼肚下光,奸人要数欧阳方,
屈斩忠良呼延寿,围困河东百万兵。
十月带鱼两头尖,赵匡胤带兵真威严,
辛辛苦苦打天下,马上做皇十八年。
十一月鲢鱼水淋淋,刘邦瑞手捧鸳鸯瓶。
幸亏公子功名成,后来一马骑双人。
十二月鱼名唱完成,外国造反红毛人,
七日七夜无输赢,吴三桂趁机进京城。

这首长长的渔谣唱遍了东海渔仓,唱尽了历史沧桑,真是一部历史人物记录长卷。台州市玉环有一首《龙溪渔民小调》,描绘了渔船开航、四季捕鱼、渔产丰盛、经济创收的蓬勃景象,歌词以风趣幽默的手法再现了浙东具有代表性的海鱼的样子、形状、特点,也歌颂了捕鱼人的勤劳和智慧。

晴朗天气精神爽,只只渔船多开航。
机声隆隆东海洋,春夏秋冬把鱼㧟。
㧟来鱼名多得猛,我来小可讲几样。
鲳鱼嘴细扁几几,鳓鱼肚下像把刀。
黄鱼全身黄又黄,弹鳗碰着㧟鱼网。
斜鲫走路慢吞吞,气死胀血红头君。
螃蟹脚多横着爬,出在披山浪岛头。

小白虾，蹦蹦跳，请客装饭少不了。
踩鱼人，真聪明，踩来鱼，白如银。
劳动人民贪过咸，箸头绕了整根甩。
虾皮、烤头几万担，支援水产收购站。
生产效益年年高，利国利民又利家。

有时，浙东渔民小调中也会出现轻松愉快、童趣十足的歌曲，把捕鱼、晒鱼、切鱼的日常与当地乐器结合起来。这曲《渔鼓调》，让人们不禁感叹民间艺术的神奇。

东边一只鼓，西边一面锣，
锣鼓敲呀敲，唱只渔鼓调。
鲳扁拷铜锣，黄鱼把鼓敲，
箸鳗鱼头呀，使劲尺板敲；
梅童鱼吹唢呐，海蛤蚆弹琵琶，
带鱼鳗丝呀，吹呀吹横箫。
唱唱渔鼓调，真呀么真欢笑，
渔鼓咚呀咚敲，鱼汛旺发了。

在宁波宁海地区还有一首渔民小调《拍皮球》，歌词以乌贼为主角，诙谐幽默，童真有趣，把拍皮球的节奏融入了渔歌小调之中。

一打两，乌贼鲞；三打四，乌贼刺；
五打六，乌贼肉；七打八，乌贼拘来杀；
九打十，乌贼卵子木萤萤；
加一加二加三四，爹娘生我十四子；
四金刚，八大王，十八罗汉坐中堂；
吃过饭，拉过屙，轻手轻脚算一个。

再说到海鲜时令,宁波有一首老话歌谣,也是非常应景的。这首老底子小调十分巧妙地用多种修辞手法把东海的时令海鲜给唱了出来。外地客人来到宁波,可以按照不同的月份找寻不同的海鲜美食,准保没错呢!

清明三月节,乌贼吭处叠。

四月月半潮,黄鱼满船摇。

菜花子结龙头,小黄鱼结蓬头。

五月十三鰳鱼会,日里勿会夜里会。

八月蛏,一根筋。

八月鳎,壮如鸭。

西风起,蟹脚痒,浪打芦根虾打墙。

生活在浙东,真的很幸福!海洋无私的馈赠,使得当地的渔民能够靠海吃海。在舟山有首渔谣名叫《大海是个聚宝盆》,歌词是这样写的:

大海是个聚宝盆,大小宝贝数也数勿清。

黄鱼条条像金砖,带鱼尖尖银光闪;

乌贼抱个大铜鼓,摇头晃脑喷墨汁;

鰳鱼肚皮像利刀,银鳞银甲全身宝;

海蜇头里戴把伞,扁扁舌鳎单边眼;

小咀鲳鱼笑嘻嘻,花鱼大勒像团箕。

大海是个聚宝盆,四季海宝数勿清。

这首渔谣展现了名副其实的东海渔仓,海宝无数,资源丰富。同时这也告诫我们要保护好海洋资源,保护好我们的家园。

说到海洋,谈到捕鱼,我们就会想到渔场。这里有一首

专门唱浙东渔场的歌谣,名字叫《渔场谣》,歌词是这样的:

舟山渔场蛮蛮长,
南洋到北洋。
三门港口猫头洋,
东门往南鱼山洋,
鱼山落去大陈洋,
爵溪对出大目洋,
六横虾峙桃花港,
洋鞍渔场在东向。
普陀门口莲花洋,
转过普陀黄大洋,
黄大洋东是中街洋,
黄大洋北边岱衢洋。
玉盘山下玉盘洋,
枸杞壁下站两厢,
嵊山渔场夹中央。
花岛以北大戢海,
再往北上佘山洋,
穿过佘山吕泗洋,
总算不属舟山洋。
打造铁壳渔轮船,
海洋渔业大发展。

这首渔谣主要唱的是浙东的舟山渔场。舟山渔场是我国最大的近海渔场,与北海道渔场、纽芬兰渔场、秘鲁渔场等齐名,可见其优越的地理环境和丰沃的海洋资源。

三、新渔歌

聆听着渔民小调,我们仿佛已经是渔家的一份子,一起经历了那些喜怒哀乐,同时也体会到了东海渔民的生活情趣以及自由洒脱的个性。随着时代的进步,渔歌的形式也在不断变化和发展,新渔歌也应运而生了。相比较传统的渔民号子和渔民小调,新渔歌传唱度不是很广,但在曲调和歌词上体现了新时代、新气象、新风尚,赋予了渔歌全新的寓意和发展的空间。

由杨翎改词作曲的《海乡的秋天》渔歌新唱,生动地描绘了海乡舟山的秋季美景。词中写道:

海乡的秋天,好美哟……沙啦啦啦……那海蓝蓝环抱金沙滩,那渔网网缠绕在家家院,那咸咸风拂来的鱼儿香,那俏姑娘脸上的茉莉芳。好美好美哟,惹得那个夕阳涨红了脸悄悄退下。

海乡的秋天,好香哟……沙啦啦啦……那半山腰耸立新楼群,那笛声中起航着千帆船,那炊烟里散发诱人的香,那饭桌旁洋溢着富足的笑。好香好香哟,馋得那个月亮泛黄了脸爬上山岗。

海乡的秋天,海乡的秋天。

一段歌词,一段美好,在我们眼前浮现出了那样的画面:宜人的景色、开怀的乡民、多彩的生活、富裕的海乡。新渔歌反映了海乡在大好的新时代里蒸蒸日上的气象,渔民的生活越来越美好!

同样,在宁波象山的墙头镇下沙村有首《下沙村赞》(作词：夏乃平；作曲：奚斌辉）也描写了海村的美好生活：

靠山哎，吃山哎，靠海哎，吃海哎，下沙囡，扪沙蟹，一脚踏起一茶盏，我咪家。

我的家在下沙村哎，背山面海好地方哎，山海之利垦荒围塘，勤耕苦读人才兴旺哎唷嗨，我咪家，南来北往，大雁声闻千百回哎，何姓起家成为千人大村庄哎唷嗨。

我的家在下沙村哎，碧水青山好风光哎，毛竹苎麻，小海冬塘，拥军爱民鱼水情深哎唷嗨，我咪家，秋去春来，燕子垒窝满梁枋哎，社会发展农民生活奔小康哎唷嗨。

我的家在下沙村哎，人杰地灵名声响哎，信息时代，小车新房，生态旅游四季繁忙哎唷嗨，我咪家，文明富裕与时俱进共潮生哎，团结奋斗齐心追求新梦想哎唷嗨。

歌词唱出了当地渔民对家乡的自豪感以及渔村发展的好势头，体现了新时代渔民齐力奔小康、共同谋富裕的美好愿景。

第三节　渔　谚

渔歌之外，还有渔谚。《礼记·大学》曰："谚，俗语也。"《左传·隐公十一年》亦有云："谚，俗言也。"谚语就是流传于民间言简意赅的话语，是中华民族智慧的结晶，是历史的积累、语言的精华，内容涉及方方面面，包括农业、气象、风土、卫生、生活、学习等。

渔谚，就是与"渔"有关的俗语，是与渔业生产、渔民生活、渔区风俗等息息相关的，广为流传的短语，往往语言简洁且寓意深刻。正因为渔谚通俗易懂、短小精悍、生动形象，所以它受到了广大劳动人民的喜爱，口口相传并保留至今。浙东渔谚也是一样，是浙东渔民世代相传的民间俗语，具有浙东渔区渔岛的地域特色，承载着浙东地区的历史、人文、言语、风俗，融入了浙东渔民深刻的劳动体验，闪烁着浙东渔民深刻的生活智慧。浙东渔谚一方面从侧面反映了多姿多彩的海洋文化，另一方面为汉语谚语宝库丰富了内容、增添了色彩。①那么我们按照涉海、涉渔、涉鱼的分类，来学习一下浙东渔谚吧！

一、涉海渔谚

浙东临海，海域辽阔，资源丰富。浙东人自古靠海而居，以海为生，对海有着极其厚重的情感，自然有关于"海"的谚语流传下来，其中包括海风、海潮、海水、海浪、海礁等。

说到海风的，浙东渔区有"西南风暴娘"一说。在浙东渔场，往往西南风过后，会有寒流而至，浙东人称作"打暴"，所以就把西南风叫作"西南风暴娘"。还有"一日南风一日暴，二日南风缓缓暴"，说的是浙东渔区刮了一天南风后马上就是北风，那就要"打暴"了，也就是寒流马上就到，如果南风吹个两三天，那"打暴"时间往往不会很快到来。"海鸟上岸，

---

① 周志锋. 海洋文化视野下的浙东谚语[J]. 汉字文化，2008（06）: 46-50.

台风要来"则提醒渔民回港避风。这些俗语都是浙东渔民在经年累月的劳作后对海风、气候的精准掌握。根据天气的变化,他们能更合理地安排出海、归航,由此提高安全系数,避免发生危险。浙东渔民对海风的掌握还表现在能根据风向判断捕鱼时机。"抢风头,抓风尾"指的是在南风过后、北风到来之际,是鱼群汇聚的时候,可以增加捕鱼量,必能喜获丰收、满仓而归。"风暴后期潮水好,鱼类集中易捕捞",还有"东南风是鱼叉,西北风是冤家",说的其实也是这个道理,利用天气变化,抓住捕鱼的好时机。"有风走一日,无风走一年"道出了海风对渔船出行的重要影响。

除了对海风的把握,浙东渔民在日常的生活劳作中也积累了应对海上天气变化的经验,比如浙东谚语"上山怕虎,落海怕雾"就形象地讲述了两种职业所遇到的困难,上山砍柴最怕遇见老虎,而下海捕鱼最怕海上起雾。在冬春之交,由于冷暖空气交汇,海面更容易起雾,这样的大雾天气会对渔船的航行安全产生影响。如果渔船是在夜间航行,这样难度就更大了。特别是在几十年前还仅靠着人工驾驶、没有现代仪器设备的情况下,渔船就等于在危险中航行,极有可能导致触礁事故发生。相似的表达更为全面的说法是"春雾雨,夏雾热,秋雾风,冬雾雪",说的是浙东多雾的天气。在不同的季节,大雾会带来雨、热、风、雪,这样恶劣的天气会给渔民出航带来诸多不便,甚至危险。

再来说说"海潮",浙东的谚语"做官要才智,抲鱼识潮性",还有"抲鱼人没读四书五经,且都晓得海里潮水时辰",说明了识别潮水是捕鱼人的一项重要技能。同样,"涨潮潮勿涨,渔船莫出洋"也是渔民根据潮水做出的判断。渔谚"春潮五更改,夏潮黄昏送,秋潮两头大,冬潮太阳红"道出了一年四季海潮的变化,也是浙东沿海渔民对海水潮涨潮落、四季更替、不断变化的过程的总结和概括。这一切还是源于浙东渔民对这片海域的无限深情。说到"海水",从谚语"海水分路,勿是风就是雨"中可以看出,渔民们一般可以通过海水的变化判断天气的变化,还如谚语"海水哈哈响,就有台风降"说的那样,海水响声的变化是判断台风的重要依据。其实"海浪"也是一样,渔民们也会依据海浪声判断天气的变化,比如"平风平浪天,浪生岩礁沿;发出唷唷响,天气就要变"。正如"不到外海洋,难识大风浪"说的那样,浙东内海往往风平浪静,但到了外洋风浪就逐渐增大,风险也就增加了。你是否有听过"漩涡不散,必有暗礁""浪叫有礁,鸟到山到""北洋潮争,南洋礁多"?这几句谚语说的就是浙东渔民出海的经验,一般看到漩涡,或者听到浪嚎,或者航行在南部海域,前方有可能会有海礁,需要谨慎避让而行。

二、涉渔渔谚

浙东渔民长期从事海洋捕捞,他们的劳作总是伴着艰辛和危险。关于渔业生产的渔谚当然成了浙东渔谚的一个重要组成部分,占比相当大。

有说到渔民工作方面的谚语。比如"三寸板里是娘房,三寸板外是阎王",展现的是旧时渔民在海上充满艰辛的工作和生活,小小的渔船外面是未知的风险,渔民有可能遭遇有去无回、生死未卜的境遇。"捯鱼人家世世穷,十口棺材九口空"同样讲的是旧时渔家朝不保夕的生活以及很多渔民最终葬身大海的悲惨结局。谚语"屋倒碰着连夜雨,行船偏遇顶头风"指出了出海捕鱼时遇到强劲的风暴给海上作业带来的困难。"桅顶撑满篷,潮顺送船行;老大开笑颜,伙计乐翻天"这句渔谚讲的是渔民们碰上顺风顺水的时候,行船就能够便捷。有同样意思的谚语还有"顺风推船不费力,倒风点火自烧身"。"上山一蓬烟,下海一餐鲜"和"山头人烧山柴,落海人吃活蟹"则讲的是下海捕鱼的收获,所谓"靠海吃海",一桌子的海鲜是对辛苦劳动的最佳奖赏。而"种田四月半,捯鱼四月半"指出了渔民往往一年到头都在忙碌,禁渔期在家种一亩三分地,待到渔汛到来再出海捕鱼。还有"早落行船迟上岸"指出了渔民的辛劳可能终其一生。还有些谚语说的是船老大这个行当的,比如"老大好当,灌门难闯。老大好做,西堠门难过。老大弗识潮,吃苦伙计摇","海洋会使八面风,全靠老大撩风篷"等,不仅表达了船老大在渔业安全生产中的重要作用,也强调了船老大需要不断锤炼和精深技艺、积累丰富经验。

　　浙东渔民也总结出了很多捕鱼门道。首先,讲潮水和渔汛的谚语有"大水捯黄鱼,小水捯乌贼""小黄鱼困来,大黄鱼听来""鱼随潮,蟹随暴""潮水要涨,蟹肚脐要痒""蟹立冬,影无踪""十二十三早开船,十五十六鱼满舱,十七十八回洋来""正月捯鱼闹花灯,二月捯鱼步步紧,三月捯鱼迎旺风,四月捯鱼洋生讯""立冬迎佘山,过年捕大陈,坚持到春分,高产笃笃定"等。再则,说捕鱼技巧和捕鱼地点的谚语有"强人先下手,钶鱼拦上游""打仗占高山,钶鱼占上风;驶船驶上风,钶鱼钶上轴""带鱼往南跑,网要朝北套""紧拉鱼,慢拉虾""上山靠勤,落海靠韧;千网万网,候着一网""刮过西北风,放钓莫放松;碰到小南风,地点要变动""想要吃海味,请到浪岗沿"等。当然还有值得我们肯定和学习的可持续发展的捕鱼理念,如"张夏张秋,一日三朝;捕大养小,吃用勿光""小鱼钶光大鱼稀,眼前快乐后来苦"。这些渔谚都是浙东渔民的经验之谈,是他们历经岁月所积累的智慧,着实让人感到无限敬佩。

浙东渔民还有对自己捕鱼生涯的感叹和自嘲,比如"老公张大捕,老婆吃得翻大肚",这句渔谚显然是对渔民出海捕鱼喜获丰收情景的生动再现。相反的"湿网燥箍箩,老婆白眼多"则是渔民在捕鱼无收获后对自我的嘲讽,也从中反映了渔民靠天吃饭的事实。"会捕捕一万,勿捕捕一篮"也同样说明了"渔家生计靠渔民,渔民技艺需精深"的客观要求,强调对渔民来说捕捞经验非常重要。"摇煞蛇盘洋,困煞岱衢洋,吓煞佘山洋"显然说的是浙东渔民深知东海海域每个洋面的情况以及海上作业的艰苦。

三、涉鱼渔谚

浙东渔民长年生活在海边,对海鲜的喜爱那是毋庸置疑的,就像当地渔谚说的那样,"一日鲜,上山一阵烟""三日勿吃鲜,蛳螺带壳咽",虽说有点夸张的成分,但足见海鲜对浙东人的重要性。由于长期捕鱼,渔民们接触到了各种海洋生物，特别对鱼类、虾蟹、螺贝等非常熟悉，因此在浙东渔谚中也包含了很多关于海鲜的常识。

先说说吃什么。"闲话讲道理，带鱼吃肚皮"说的是"做人要讲道理"这个观点，正如东海带鱼最好吃的部分是鱼肚子一样，众人皆知。这句"黄鱼吃八卦，鲥鱼吃尾巴，鲳鱼吃下巴，带鱼吃肚皮，鮸鱼吃脑髓"说的是各种不同的鱼最好吃的部分，这简直是渔民美食家的经验分享。"乌贼吃须，螃蟹吃钳"也是"吃货"之道。乌贼的须肉质最劲道，而螃蟹的钳肉质最活络，"鲫鱼吃鳞，黄鱼吃唇，甲鱼吃裙"说的也是吃哪个部位的问题，比如一般烹饪鲫鱼的时候是不去鱼鳞的，因为鲫鱼的鱼鳞比较细腻而且含有丰富的优质蛋白，因此保留鱼鳞才能保持食材的鲜味和营养。与这些谚语相反，渔谚"臭鱼烂虾，送命冤家"则讲的是什么不能吃。所谓海鲜，当然要以新鲜为主，因为海鲜死后，如果没有用妥善的方法保存，如晒干、腌制、冷冻等，就会产生大量的细菌，对人体是相当有害的，因此吃不新鲜的海鲜是一大饮食禁忌。

再说说什么时候吃。在浙东渔谚中有很多关于时令的说法。"二月清明鱼似草，三月清明鱼似宝"说的是农历二月的清明，天气回暖早，那么鱼就像草一样多；若清明在三月，天气回暖晚，要是去捕鱼，这时的鱼就少得可怜，像宝贝一样。"清明三月节，乌贼吙处叠"讲的是农历三月盛产乌贼。"三月三，黄螺爬上滩"说的就是三月初三这天人们可以到海边滩涂或礁石上捡拾海螺，这个时候螺最多。而"清明螺，大如鹅"虽说有点夸张，但也非常明确地介绍了吃蛳螺要赶在清明前后，因为那段时间的蛳螺还没有产籽，口感最为清爽、鲜嫩、肥美。谚语"六月海鳗毒如蛇，三月龙鱼嫩如水"讲的是六月的海鳗正在储备能量孕育下一代，因此此时捕捉，海鳗最为凶猛；三月桃花最艳丽的时候，也是龙鱼（也叫龙头鱼、虾潺）最肥美的时候。"四月月半潮，黄鱼满船摇"说的是每年农历四月是黄鱼洄游产卵期，黄鱼会结队群游，这时的黄鱼肉质最嫩，营养也最为丰富。"五月十三鲻鱼会，日里勿会夜里会"说的是端午节前后是捕捞和品尝鲻鱼的好时节。而到了六月，吃什么呢？浙东渔谚说得好："六月弹涂毕毕跳"，显然弹涂鱼（也叫跳跳鱼）是最佳选择。"杨梅满山红，海蜇港里涌"说的是到了六月杨梅上市的季节也是海蜇产量最多的时候。正如浙东渔谚说的"八月蛏，一根筋"和"八月鳗，壮如鹅"，到了八月，不妨吃吃蛏子、尝尝肉鳗鱼。"九月九，望潮吃脚手"，到了农历九月，可以赶到宁海吃望潮。"六月蟹瘦瘪瘪，十月蟹壮嗒嗒"说的是要想吃肥美的螃蟹，十月金秋才是最佳时节。

　　最后说说描写鱼虾蟹贝习性或特点的渔谚。"老蟹还是小蟹乖，小蟹打洞会转弯"则生动地描写了大蟹和小蟹的差异，仿佛展现了一副家族画一样，含有十足童趣。"蟹足尖如针，天生爱横行"这句渔谚讲的也是螃蟹，但主要介绍的是螃蟹腿。螃蟹有五对足，最大的叫作螯，力道最猛；螃蟹善于横着爬行，所以说它"天生爱横行"再恰当不过了。"黄鱼会叫，鲻鱼会跳，文鳐能飞，鲥鱼爱唱"用更为风趣的手法表现了浙东的黄鱼、鲻鱼、鲥鱼以及传说中的文鳐（即飞鱼）各自的特点，简直是百花齐放、各有绝活呢。说黄鱼的还有"黄鱼咕咕叫，虾潺张嘴笑"，用人类的神态来生动地展现黄鱼、虾潺（龙头鱼）的特征，惟妙惟肖。说鲻鱼的还有"鲻鱼脾气躁，离水只能跳三跳"，同样用了拟人的手法，说的是鲻鱼虽然游泳能力强、力气大，但离开了水，也就手到擒来了。"带鱼像银剑，鲳鱼把扇摇"，描写生动而鲜活，带鱼身形细长，而鲳鱼的尾巴呈扇形，像把小扇子扑闪扑闪的。"带鱼两头尖，捕着活神仙"显然讲的是捕捞带鱼并非易事。谚语"鲳鱼好缩勿缩，鳓鱼好钻勿钻"展现了渔民们对鲳鱼、鳓鱼习性的了解，这样便于捕捞作业。同样，"鳓鱼像钹刀，直游快如跑"说的还是鳓鱼，但强调的是它擅长于在水里垂直游动，而且速度极快。"黄鱼头大，鳓鱼刺多"说的是黄鱼一般鱼头比较大，而鳓鱼则刺多、鳞白、肉细。"鳗鱼长，鲳鱼扁，梅童鱼头大身体短"，这句渔谚则将鳗鱼、鲳鱼、梅童鱼的体型做了个比较。"壁下野猫洞，乌贼夜夜拢"和"墨鱼像小孩，立夏上山，小满生蛋"也是渔民们对乌贼（也叫墨鱼）生活习性的精简诠释。渔谚"章鱼八只脚，腕足如磁铁"强调的是章鱼腕足里的吸盘吸力很强，可以抵御外来的威胁。"鲻鳎单边眼，海蜇撑凉伞"则把鲻鳎（也叫比目鱼）和海蜇的外貌特征做了最简洁的说明，特别生动形象。最后，渔谚"虾有虾道，蟹有蟹路"，表面上说的是虾蟹，其实指的是每个人都有每个人的想法，每个人都有每个人的门道，换句话说，各有各的活法，各行其道。

阅读了这么多浙东渔谚后，你一定会发现，浙东渔谚具有很多特色。首先，在语言层面上，充满海洋气息，极具地方特色。其次，在人文层面上，内涵丰富，意义深刻。以舟山渔谚为例,正如徐波①(2000)所说,在语言特色方面,主要表现在词汇运用上的"海洋"特色和地域色彩,以及采用多种修辞手法呈现出来的强烈语言美感;在文化内涵上则蕴涵当地渔民的信仰习俗、生活方式和价值取向等。浙东渔谚以其浓郁的生活气息、诙谐的言语表达、细腻的情感表现、丰富的内涵意蕴而一代代不断传承,让人们认识海洋、热爱海洋、珍惜海洋,与海洋和平共生。

第四节 渔 味

体验了渔俗,倾听了渔歌,聊了聊渔谚,那么让我们的味蕾做一次旅行吧!《礼记·礼运》有云:"夫礼之初,始诸饮食",说的就是饮食活动是礼仪制度和风俗习惯的发端,可见饮食的重要性。西晋人张华在其所著《博物志》中有道:"东南之人食水产,西北之人食陆畜,食水产者,龟蛤螺蚌,以为珍味,不觉其腥臊也;食陆畜者,狸兔鼠雀,以为珍味,不觉其膻也。"这段文字就说明自古一方水土养一方人,不同地域成就不同的饮食习惯和饮食习俗。来到了我们浙东沿海地区,不探访一下当地特色美食,这简直是一大遗憾!很多外地的朋友驱车千里,慕名而来,仅仅是为了一尝这地道的海鲜美味。

---

① 徐波,张义浩.舟山群岛渔谚的语言特色与文化内涵[J].宁波大学学报:人文科学版,2000(01):27-30.

浙东海鲜饮食注重三美：一是味之美，也就是要保持鲜味；二是淡之美，浙东地区的海鲜崇尚清淡；三是和之美，渔民宴请客人，海鲜菜肴搭配讲究和谐。[①]现在，我们沿着浙东海岸线由北向南，迎着温润的海风，踏着绵绵的海滩，还有那翻滚不息的海浪，来了解一下浙东人心头忘不掉的"渔味"。

首先我们来到了位于浙江东北沿海的舟山群岛，这里享有"中国渔都"的美誉，盛产大黄鱼、小黄鱼、带鱼、乌贼（墨鱼）、梭子蟹、鲥鱼、鲳鱼、海鳗、马鲛鱼、泥螺、虾米等各类海鲜。久负盛名的沈家门海鲜大排档就坐落在海港一条街滨港路上，每每夜幕降临，绵延百里的灯光点亮了堤岸，一间间整齐划一的海鲜排档门市，迎来送往一批批食客，时不时传来美食的香气，人们的酌酒声、谈天声、欢笑声似乎都夹带着海岛咸咸的味道，还有那份惬意与自在。原先排档位于沈家门半升洞码头附近，现在由于旧城改造，搬迁到了东港的海滨大道，依然是门庭若市。

再来说说排档里的美食。这里的梭子蟹以个头肥大、肉质鲜美而著称，因此清蒸梭子蟹、葱油梭子蟹都是著名美味。这两种做法最大程度上保留了蟹肉的原汁原味，这种鲜香总会使食客意犹未尽。这里的排档似乎都青睐这样的烹饪方法，比如清蒸带鱼、清蒸淡菜、清蒸石斑鱼、白灼富贵虾、葱油泥螺、葱油黄鱼、水煮白虾、海螺拼盘等，这些美味几乎没有添加佐料，维持了食材本身的味道，这或许就是对海洋美

---

① 周彬. 浙东地区渔民俗文化旅游资源开发研究[J]. 生态经济，2009(12)：78-85.

食最佳的处理方式。当然,其他的烹饪方法也能给海鲜美食提味提鲜、锦上添花。比如红烧,在排档的菜单中被广为接受的佳肴有红烧杂鱼、红烧龙头鱼、红烧舟山带鱼、黄鱼籽红烧豆腐、红烧乌贼、红烧鲳鱼、黄鱼鲞烤猪肉、大烤鳗鱼,还有风干、熏烤、椒盐、腌炝、凉拌、炖煮、铁板、煎炒等。比较知名的菜肴有舟山风鳗、熏马鲛鱼、椒盐海虾、红膏炝蟹、凉拌海蜇、雪菜大黄鱼、蛤蜊豆腐汤、铁板蛏子、银鱼煎蛋等。

说到"风鳗",舟山人有"无鳗不成席"之说,尤其是过年过节时,家家户户的院子里、阳台上都挂着鳗鱼,待到风干后,就成了"风鳗"。过年的饭桌上总少不了这道菜,因为"风鳗"的谐音是"丰满",有圆圆满满之意,人们过年吃它,以讨个好彩头。

再回到海鲜大排档,当这些美味一一上桌,你只有全心全意地去享用,才不会辜负这人间极品。大排档还有一味特殊的主食,那就是黄金炒米面。为什么这样命名呢?如果你亲临现场,你会发现这款炒米面顶着一个金黄香酥的"帽子",看起来色泽诱人,吃起来脆脆的,一口下肚更是过瘾。是呀!唯有美食不可辜负!

接着我们来到了舟山的近邻宁波。同样,这里的海鲜美食也让人回味无穷。鱼、虾、蟹、贝、螺一应俱全,品类繁多。宁波人的饭桌上无海鲜不欢,因为宁波地理位置得天独厚,毗邻舟山,市内又有象山、宁海这样的市辖县,海产自然极其丰盛。宁波菜作为浙菜的重要一脉,主打海鲜。在 2000 年由上海科学技术文献出版社出版的《宁波菜（江南名菜名点图谱）》（郭荣生著）一书中收录了143道宁波名菜，其中海鲜类菜肴共63道，占总数的44.05%。书中特别提到了如下这些名菜：苔菜拖黄鱼、清蒸鳗鱼、目鱼蛋蒸肉饼、梅菜蒸桂鱼、干煎小黄鱼、红膏炝蟹、醉虾蛄、黄瓜海蜇头、芙蓉蟹斗、醋熘鲨鱼羹、黄鱼海参羹等，极具宁波地方特色。宁波菜的烹饪方法也以蒸、炸、炝、醉、拌、烩为主，最大程度上发挥了食材的鲜、香、嫩，足以让食客的味蕾得到极致享受。再则说说一味极其受欢迎的主食，那就是梭子蟹炒年糕。蟹肉肥美鲜香，加上年糕香甜软糯，在火中爆炒，浓郁的蟹香包裹着富有弹性的年糕，色泽金黄，堪称一绝，让人齿颊留香，总是想多吃几回。每到九、十月份菊黄蟹肥时，每家每户的桌上都会摆上了这道主食。宁波惊驾路美食一条街是比较老字号的美食街了，那里饭店、排档林立，主要以海鲜为主，当然也有现在比较流行的火锅、川菜、烧烤之类的大众美食。来到宁波，不妨到那里逛逛，一定会让你的味蕾得到无限满足。

到宁波探访海鲜美食，当然象山、宁海是不容错过的。

有"中国渔文化之乡""中国海洋之都"美誉的象山坐落在长三角地区南翼，三面环海，海洋资源丰富。象山作为中国四大渔港之一，有着丰富的活鲜、冰鲜水产品，其中海水鱼类有440多种，蟹、虾类有80余种，贝类有100余种。《读史方舆纪要》卷九二记载宁波府象山县：象山"在县治北，形如伏象，县以此名"。

象山美食以生猛海鲜为主，尤其象山石浦，更是名声在外。象山当地有很多特色美食，比如象山鱼丸、象山咸包蟹、石浦鱼滋面。象山鱼丸是用当地新鲜的马鲛鱼鱼肉手工制作而成，弹性十足，味道鲜美，口感丰富，多吃不腻。鱼丸可做点心配料，亦可做汤，烹饪方式多多，是宴客佳品。

象山咸包蟹也是当地名吃。说起这道菜，据传当地还流传着这样一个故事。古时候，住在海边的一家财主要嫁女儿。女儿出嫁的日子就在冬至前，厨子选定了清蒸包蟹这道菜作为婚宴的主菜。财主要海边的渔家在结婚日前把新鲜包蟹送到。哪知道人算不如天算，冬至前一连几场风暴，渔船出不了海，更别提包蟹啦。这可急坏了财主，他带着厨师和伙计赶到渔民家里兴师问罪。渔民也无可奈何，求财主恕罪。财主质问："没有这道清蒸包蟹，让我怎么招待客人？"这时厨师在渔民家里兜兜转转，发现一个坛上浸着一些包蟹，便问这是什么。渔民回答说是之前捕来的包蟹，因吃不完，就活浸在盐水中，只能当咸菜吃。厨师捞起一只蟹，打开蟹壳，只见里面膏红肉白，再用舌头一尝，味道十分鲜美，便对财主说："便用此蟹做道菜吧！"于是财主把几家渔民浸泡的咸包蟹都收集起来。在嫁女开宴那一天，这道咸包蟹就被端上了桌。众人看了、尝了之后，都啧啧称道、赞不绝口。其中，一个秀才说道："这叫作白里透红，国色天香；海中极品，盘中仙珍。"在此之后，咸包蟹就成了当地人办酒席时不可缺少的一道菜，深受大家的喜爱。

象山当地还有这样的说法："来到丈母家，丈母端出十六碗。"很多游客来到象山，会寻味"海鲜十六碗"。十六碗，顾名思义，就是有十六道菜品，取当地新鲜的鱼、虾、蟹、贝等海鲜原料制作而成,是色味俱佳的饕餮盛宴。这十六道佳肴包括:生泡银蚶、鲜炝咸蟹、五香熏鱼、大烤目鱼、白灼章干、椒芹汤鳗、脆皮虾潺、双色鱼丸、倒笃梭子蟹、咸炝活虾、清炖鲻鱼、葱油鲳鱼、红烧望潮、雪菜黄鱼、滑炒鱼片、菜干鳓鱼。光听菜品名,就令人迫不及待地想要品尝。据说"海鲜十六碗"的每道菜品都有诗句与之相对应,例如"倒笃梭子蟹",为"梭子鲜蟹满座香,倒笃上盘便品尝。佐姜蘸醋且随意,把酒持蟹风味长";而"咸炝活虾"则是"咸炝活虾用花雕,稍加细盐不用烧。入口鲜嫩香扑鼻,座中谁不称佳肴";"白灼章干"的诗句为"章鱼灵气天下闻,清蒸白灼味更真。养血益气治肿毒,擂姜佐醋更宜人"……这些描写和叙述,让每道菜品显得格外鲜活、立体,将色香味元素都展现了出来,令人印象深刻。食客们可以临海凭风,大快朵颐,体验的不仅是象山的地道美食,更是当地的特色渔文化。

象山吃海鲜最好的去处是象山海鲜一条街、石浦海鲜长廊、石浦渔港中路。如果你来到这里品尝海鲜,一定会不虚此行。现在的象山海鲜饮食正在逐渐产业化,当地政府充分利用天时地利人和,旨在打造"异军突起的象山海鲜餐饮",以节造势,力造品牌,推动海鲜渔文化,力求让"象山海鲜,名扬天下"。[①]

接着我们来到位于象山西南方向的宁海。西晋太康元年(280)置宁海县,由于沿海之地饱受海浪不宁之苦,故取此

---

① 郦伟山. 异军突起的象山海鲜餐饮[J]. 宁波通讯,2011(08):24-25.

名，以有海静境宁之意。宁海背山面海，山海资源丰富，素有"鱼米之乡""贝类之乡""蛏子之乡"的美誉。在众多海鲜产品中，宁海比较有名的有八大样，包括蛏子、青蟹、牡蛎、跳鱼、泥螺、对虾、香鱼、青蛤这八种宁海地方特色"小海鲜"。

宁海的长街蛏子以"个大、壳黄、肉厚、微甜"而出名，在当地有"西施舌"之美誉，可见其形美、质美、口感美。蛏子有很多种烹饪方法，如清蒸蛏子、铁板蛏子、香辣蛏子、盐焗蛏子、盐水蛏子，各有各的味道，都吸引着食客们。

宁海的大佳何对虾也是当地特产，个头肥大，肉质鲜嫩，仅仅煮熟或是用水汆一下，就已经是美味了，不需要添加任何的调料。吃进嘴里，满嘴都是对虾弹嫩细滑的口感。

宁海的西店牡蛎，也称为"蛎黄"，肉质嫩滑，味道鲜美，口感细腻，可以炭烤、蒸煮、煎炸、爆炒、干烧，还可以用来炖汤。当地人比较喜欢生吃牡蛎，在清洗后可以适当加点柠檬汁去腥味，然后直接享用食材的原汁原味。

再介绍一道受宁海人欢迎的面食，这就是麦虾汤。在宁海，麦虾汤店随处可见，足以证明当地人对它的喜爱之情。麦虾汤，到底是什么呢？当店员端上一碗热气腾腾的麦虾汤，你就会闻到海鲜的清香，细细一看，里面盛着由麦粉做成虾状的面疙瘩，配上了小虾、蛤蛎、皮皮虾、小银鱼等海鲜，还有青菜、香菇、夜开花丝、笋丝等做辅料，当然也可选择性地加上其他浇头，这就是一道色香味俱全的麦虾汤了。吃上一碗，会让你大汗淋漓、身心舒畅。难怪宁海人乐意把麦虾汤作为早餐，开启精神奕奕的一天。正所谓"舍尝四海香，味是故乡浓"。

宁波的西边便是绍兴了。绍兴虽然也是沿海城市，却没有像其他地方有那么多海鲜，但坐落在稽山街上的大小饭店组成了"海鲜一条街"。在大多数人的印象中，绍兴当地的美食是鲁迅笔下的"咸鲜"味，绍兴味道是品着一壶温热的绍兴黄酒，再加一碟茴香豆，看着烟雨江南的惬意。

绍兴醉蟹是当地知名的美食，是用绍兴黄酒腌制淮蟹而成，这应该称之为"河鲜"了。它滋味鲜美，下饭最宜。

或许你还听到过"绍兴十碗头"这样的说法，这是绍兴人对客人的最高礼遇，也是对来年的美好愿景，以当地的禽肉、菌类、蔬菜等为主，但也配以小鱼、小虾、海带等，做成了十道美味，流传至今。

离开绍兴再往东南方向，我们就来到了台州。台州拥有着占浙江海岸线总长 30%的海岸线，拥有着 8 万平方千米的大陆架海域，海产丰富，因此海鲜成了当地人的日常。正所谓"无海鲜不生活"。台州三门被称为是"中国小海鲜之乡"。

看过《舌尖上的中国》第二季的观众想必对里面提到的台州三门湾望潮印象深刻。望潮，其实就是大家说的小章鱼、小八爪鱼，这也是三门地道的海鲜美食，无论是生炒、水煮，还是红烧都十分美味。烧熟的望潮就像是一朵朵盛开的小花铺满整个盘子，这道菜是视觉和味觉的盛宴。因为望潮盛产于东海，穴居滩涂中，不仅台州，宁海、象山、舟山都称之为当地的美食，食客们到了哪里都不应该错过。

台州当地著名的海鲜还有跳跳鱼，也叫弹涂鱼。台州三门当地人喜欢用烟将其熏成焦黑的弹涂鱼干，然后用来烧成弹胡粥，据说它是当地妇女产后坐月子的必备滋补品，味道十分鲜美。跳跳鱼还有一种传统的做法是清炖。将跳跳鱼与卤水豆腐炖煮在一起，配上葱、姜、蒜等调料，最后熬出来乳白色的浓厚醇香的汤汁。跳跳鱼肉质肥美，有滋润养颜的功效，难怪跳跳鱼被誉为"海上人参"。

不同于浙东其他地区的梭子蟹，在台州三门有另一种螃蟹十分有名，那就是青蟹。三门青蟹呈现青蓝色的色泽，个大壳薄，肉质细嫩，螯足粗壮，味美鲜香，高蛋白，低脂肪，营养价值高。三门青蟹的做法很多，有蒸、煮、炒、炸、炖等，其做出的菜肴有清蒸青蟹、芙蓉青蟹、姜葱青蟹、青蟹豆腐煲、百花青蟹丸等。但最经典的做法还是清蒸。清蒸三门青蟹色泽金黄，肉质鲜嫩，保留了青蟹的原汁原味，吃的时候可以配上用姜末、蒜末和酱醋调制的蘸酱，吃完后满嘴的清香和回甘，难怪最为出名。

不想吃这些鱼鲜、虾蟹的时候，螺、贝也是很好的选择。当你感觉到没有食欲的时候，不妨来点新鲜腌制的黄泥螺，它颗粒大、外壳薄、晶莹剔透，入口咸香，脆脆的、滑滑的，会让人胃口大开。难怪台州有句土话："泥螺和饭，好比肉炒蛋。"可见，腌泥螺是大家喜爱的食品，经常是酒桌上一道不可缺少的凉菜，而且可以久藏。这样的美食在浙东一带一直很盛行，宁波有"一粒泥螺一口饭"的歌谣。《辞源》中有对泥螺的介绍:"即吐铁,宁波出泥螺,状如蚕豆,可代充海错。"当然,新鲜黄泥螺还可以用葱油炒,味道也同样让人赞不绝口。泥螺含有丰富的蛋白质、钙、磷、铁以及多种维生素,营养价值很高,《本草纲目拾遗》中就提到泥螺有补肝肾、润肺、明目、生津之功能。当地还有被称为"地狱海鲜"的佛手螺或鬼爪螺,又名"狗爪螺""海鸡脚",是一种生长在海边石缝里的贝类,长相非常奇特、怪异,但微量元素含量极高,口感鲜甜滑润,吃法也很多,可以水煮、白灼、清蒸,也可以火炒,备受食客的喜爱。

再来说说台州的海鲜面食。在台州玉环流传着这样一道疍民主食,叫带鱼饭。当地渔民在出海打鱼时就常做这样一道美味,把东海带鱼跟米饭煲在一起,再加上豆类蔬菜。米粒的软糯香遇到了带鱼的海鲜味,给味蕾带来了前所未有的体验。

台州玉环还有一款小吃——鱼皮馄饨非常有名。这种馄饨个头较大,色泽通透,形似花朵,口感鲜美,是当地人逢年过节的传统菜式。它的皮是用鳗鱼肉混合番薯粉再用木棍敲击而成,因此馄饨皮薄,非常爽滑、劲道、弹牙,再以猪肉或鲜虾当内馅,一口咬下去,香味溢满整个口腔,等到一整碗下肚,整个胃都是暖暖的,很是满足。

浙东沿海,由北到南,沿途美食,数不胜数,在这里只是介绍了极小的一部分,更多的美味还需要人们亲身探访、亲自品尝。这是完全有别于其他地区、自成一派的风味,带着海的咸鲜,清爽不腻,回味无穷,而这些美味的背后,又蕴藏着厚重的浙东民间食俗。民间食俗是饮食文化中历史沉积物最厚实、稳定性最强的一部分,浙东民间食俗是集合浙东区域自然、经济、政治、文化和群体意识历史发展的活化石。①

第五节 渔 趣

在浙东,在渔区漫步、与海洋邂逅都不再是电影情节,而是现实。这不仅会带来惊喜,还会收获无穷的乐趣。

一、赶 海

说到赶海,可能很多的人会想起一首儿歌《赶海的小姑娘》,歌中唱道:"松软软的海滩呀,金黄黄的沙,赶海的小姑娘光着小脚丫,珊瑚礁上捡起了一枚海螺,抓住了水洼里一呀一对虾。找呀……挖呀……一只小篓装不下……腥咸咸的海风呦,清爽爽地刮,吹乱了小姑娘缕缕黑头发……"这首歌画面感十足,唱着唱着,我们仿佛看到了那位可爱的小姑娘带着欢快的心情在海滩上赶海的情景,还有那细软的沙滩和微咸的海风。歌词形象生动,充满童趣,乐曲又朗朗上口,非常轻快。

---

① 周乃复. 浙东食俗与饮食文化的思考[J]. 宁波大学学报:人文科学版,1991(01):38-42.

那么"赶海"到底是什么呢?其实就是居住在海边的人们在潮水落下去的时候,到海边的滩涂上、礁石上采拾、捕捉或打捞海货的过程。在渔业发达的今天,讨生活的赶海人已经很少了,在象山、舟山、台州却有这样一群渔民,大部分是渔家妇女,除了开船出海打鱼之外,每天待到潮水退去,就结队到海边寻找各种可以食用的小海鲜,比如蛏子、花蛤、牡蛎、海螺、螃蟹、海瓜子等。虽然会弄得全身泥泞、满头大汗、皮肤黝黑,但当看到海产装满箩筐,赶海人的脸上就会洋溢着满足和喜悦。

这样职业赶海已经随着规模化的海上作业而变得越来越少了。现在的赶海更多是一种休闲娱乐项目,很多游客和普通民众想要到海边来一场不一样的体验,一些小朋友在"赶海"中更会享受到很多乐趣。大家都知道海水有涨潮的时候,也有退潮的时候。涨潮时,海平面上涨,通常波浪翻滚,不断冲刷海岸,景色非常壮观,但有时候也会有危险,此时应尽量远离海滩;退潮时,海平面就下降了,海水悄然而去,带走了喧嚣和激荡,大片的海滩就显露了出来,有些海洋生物就留了下来。一般根据海水的潮汐规律,在退潮的时候,全家人带上铲子和桶子,到沙滩上挖挖海螺海贝、围围小鱼小虾,捉捉小螃蟹小海星;也可以到礁石的缝隙里找找大海的"遗珠",比如蛤蜊、蛏子、海蜇、海胆等,在这样的寻寻觅觅中感受着大自然的慷慨馈赠,怎么不会让人感到欣喜和快乐呢?太阳西下时,望着夕阳的光洒在蔚蓝平静的海面上,这海天一色的美景伴着家人的身影,又怎不叫人感到欣慰和满足呢?

二、玩　海

除了赶海外，现在浙东的海滨浴场越来越多，里面会提供很多玩海的项目，除了传统的游泳踏浪、沙滩足球、沙滩排球之外，还开放了不少新奇的娱乐体验，比如海上摩托艇、海上托伞、海上飞鱼船、香蕉船、滑翔翼、滑泥、滑沙、滑草、卡丁车等，带有一定的刺激性，通常身体健康的青少年是参与的主力。

在夏天的海边，伴随着微醺的海风和炙热的阳光，人们驰骋在海面，飞翔在天空，一种畅爽的感觉迎面而来，仿佛拥有了这一片蔚蓝，也引来了很多人羡慕的呼喊声。

海上摩托艇是近年来比较受大家欢迎的项目，首次参与这个项目必须要有教练的指导和引领，当然穿上救生衣是必须的。摩托艇会像离弦之箭，冲向无垠的大海，两边溅起高高的浪花，海风抽打着脸庞，驰骋在海面上，偶尔教练会来个水上漂移，让游客尽情享受这份酷爽。

滑沙也是广受欢迎的项目。通常人坐在木桶中或者脚踏着塑料或木质的滑板，双手撑着板壁，身体微微向前倾，随着沙山的坡度急速下滑，一般坡度越陡或者体重越大，下滑的速度就越快，这时候耳边是呼呼的风声，整个过程会让人体会到高速滑行的快感。

浙东有很多著名的海滨浴场，比如舟山嵊泗基胡沙滩、舟山岱山鹿栏晴沙、舟山朱家尖南沙、舟山岱山秀山浴场、舟山普陀山百步沙和千步沙、宁波象山松兰山海滨浴场、宁波象山檀头山姐妹沙滩、宁波北仑洋沙山海滩、宁波东钱湖随风阳光沙滩、台州温岭龙门沙滩、台州温岭吉捕岙沙滩，还有数不尽的未开发的天然海滩，都是潜力无限的待开发休闲集散地。

说到海上项目，很多人会想到潜水，浙东近海的水含沙量比较大，海水呈黄色，所以在近海是不适合潜水的，需要到比较远的海岛上。潜水需要专业的装备，也需要专业的技能，在浙东海域主要进行专业潜水，目前休闲潜水主要在陆地内，如浙东大峡谷、余姚小九寨等。

多数时候，玩海总是让人很兴奋，但有时候也可以让人安静下来。到了傍晚，沿着海滩或者海堤走一走，看看日落，观观星空，呼吸海的味道，享受这份难得的宁静时光；也可以与几位好友一起在海边露营，听着涛声入眠，在第二天等待东方天际发白，或许也会是一种不一样的体验。海在不同的季节就会有不同的风景和韵味。春天的海是轻盈的，夏天的海是奔放的，秋天的海是成熟的，冬天的海是静谧的。

三、海　钓

浙东地区吸引了很多的海钓爱好者，因为那里是天然的海钓胜地。海钓不同于一般的垂钓。首先其地点是在海边或海上，地理位置具有挑战性，其次海钓的对象是海鱼，通常比淡水鱼更凶猛些，因此危险系数更高，需要垂钓者更多的技术和经验。人们说的"矶钓"就是海钓的一种，所谓"矶"就是指突出海岸的岩石、礁石，所以"矶钓"是"钓友"站在海岸的礁石上或小岛的岩石上进行的钓鱼活动，当然这也需要专门的装备。海钓给"钓友"们一种复杂的体验，既有惊涛骇浪的刺激，又有平静优雅的专注，既是满心期待海洋的馈赠，同时也是放松心情、平复心境的一种尝试，所以海钓逐渐成为一种受欢迎的休闲方式，乐趣无穷，只有自己亲身体验，才能感同身受。

在浙东地区，很多地方都可以选择租船出海，可以观光，也可以海钓。在舟山比较专业的海钓地点有舟山白沙岛、舟山黄兴岛、舟山东福山、舟山庙子湖岛、舟山青浜岛，其中舟山白沙岛被称为中国第一个海钓主题钓岛，有"浪舞白沙，海钓乐园"的美誉。在宁波有象山渔山岛海钓、檀山头海钓、花岙岛海钓、松兰山海钓、北黄金海岸海钓、梅山岛海钓、强蛟群岛海钓、石浦休闲渔船海钓，其中渔山岛被誉为"亚洲第一海钓场"。台州椒江大陈岛是国家一级渔港、省级森林公园，也是省海钓基地。其地气候暖湿，景观绮丽，海产丰富，素有"海上东方明珠"的美称。

台州临海被誉为"中国休闲海钓之都"，那里的东矶列岛礁岸嶙峋，是海钓的绝佳去处，还有位于桃渚镇下沙的宏野海钓基地。由此可见，在浙东沿海有丰富的海钓资源。

这项活动的魅力在于，倚立于碧海蓝天之间，抛竿引鱼，迎风搏浪，既休闲又刺激，既时尚又趣味。难怪海钓被人称为"海上高尔夫"。据统计，整个浙江省海钓爱好者达几万人，甚至有些海钓"发烧友"走出国门，前往其他的海钓胜地，如韩国济州岛、泰国象岛、斐济、马尔代夫等。浙东地区很多地方也承办了海钓活动，将当地的海钓资源与海钓文化结合起来，将"海钓+旅游+人文+环境"等多元素融合，丰富了海洋文化旅游的内容,比如中国象山国际海钓节、浙江省海钓锦标赛,有些地方还成立了海钓协会、海钓俱乐部等。

要特别值得注意的是,为了保护海洋资源,各地出台了不少新的管理条例,到一些国家级海洋特别保护区海钓,需要持有"海钓证"。

四、逛海鲜市场

在沿海地区,有一项趣事千万莫错过,这就是逛逛当地的海鲜市场。因为那里总会有另一番景象,也是另一番天地。浙东各地有大大小小的海鲜市场,若说什么地方值得去,还是得请教当地人。

说到大型的批发市场,浙东地区当属舟山国际水产城和宁波水产品批发市场(原宁波路林市场)。

坐落在沈家门渔港小镇码头边上的中国舟山国际水产城始建于1989年,于2015年完成提升改造,被誉为全国首家水产交易的4A级景区,是浙江省著名的水产品交易市场,集活、鲜、冻、干货于一体。在那里,随时随地都是一派热火朝天、忙碌无比的场面,尤其是禁渔期过后,千帆出海,全面开捕,待到返航,满载而归。一箱箱的海鲜成堆成堆地从渔船搬运到岸上,有带鱼、虾蟹、鲳鱼、梅鱼,还有价格比较高的鳗鱼、黄鱼等,满眼的活鲜,空气中透着一股海的腥味,所有的人都专注地工作着,似乎是在跟时间赛跑,因为远航的渔船正一批一批地往回赶呢!船员忙碌着,商贩也不闲着,海鲜就这样送到了全国各地,来到了海鲜超市、菜市场、酒楼、饭馆。虽然那里并不零售,但普通的民众也可以拼着一起购买,这样不仅能买到最新鲜的海产品,价格也十分实惠。因此当地人时不时地会前去买个几十斤的海鲜,既能招待客人,也满足了自己"无海鲜不欢"的日常饮食。

位于宁波江北的原宁波路林市场水产交易中心是宁波市区的最重要的海鲜集散中心。每到东海伏季休渔解禁后,市场又呈现出一片繁忙的景象,里面到处是来自浙东沿海的新鲜海产品,有近处的象山、奉化的,也有稍远点的舟山、台州的,各类东海海鲜一应俱全,品种多样。交易大厅里灯火通明,人声鼎沸,场面异常火爆,各地的商贩集聚一堂,总想拿到品质好、价格实惠的好货源,而此刻的海鲜批发商们则一点都不担心自己海货的销路,因为每每休渔期后的东海海鲜品质总是很上乘,特别是肥美的梭子蟹堪称东海一绝。

除了大型的海鲜交易市场,到当地特色的菜市场去走走,也是一个非常不错的选择,不仅可以领略到当地的风土人情,还可以收获不少本地海鲜。来到宁波,不妨去石浦海鲜市场走走,虽说市场内环境一般,但是海鲜的品种可真是不少,有鳗鱼、鲳鱼、青鱼、小黄鱼、墨鱼,还有各种贝类、螺类、螃蟹、虾、海蜇,还可以看到不少藻类,真是应有尽有。到了舟山,可以去位于沈家门东河路上的东河市场,那是当地最大的菜市场,因丰富的海鲜产品而享有良好的口碑,鲜活的、冰鲜的、晒干的、腌制的各种海鲜门类齐全,当地人非常喜欢在那里逛逛,看看当季货,扫扫便宜货。游客也可以到那里走走,会不定期地赶上性价比非常高的海鲜呢！在台州椒江区有个花园菜市场，据说是当地品种最多的菜市场。在菜市场的周围有很多小吃铺兜售着当地美食。市场里最大的亮点就是海鲜了。大家都知道台州有很多小海鲜，这个市场里不仅有各类浙东海鲜，还有当地活蹦乱跳的青蟹。

五、渔民画

海趣包括渔民们自己的独家创意产品或者与渔民有关的文化衍生品，这里面很有代表性的就是渔民画了。顾名思义，渔民画就是渔民们的画作，是源于大海的一种生活印记，也是渔民们对自己生活的愿景。有研究认为，渔民画是由东海岛屿古地图、船体彩绘、海神像等结合演变而来，逐渐发展成为渔民对海上生活的记录，被视为一种生活美学，慢慢演变成了渔家文化重要的一部分，由此成为海洋文化的一种表现方式。渔民画构图饱满，鲜少留白，人物形象灵动，造型夸张，融合了中国传统的手绘、剪纸和绘画技艺。在浙东，最具影响力的渔民画就是舟山渔民画，以其丰富的色彩组合、大胆的构思造型、强烈的生活气息而受到了国内外艺术创作者和普通民众的关注。

舟山渔民画发展于 20 世纪 80 年代，至今已历时大约四十年，于 2006 年被列入第一批市级非物质文化遗产保护名录。舟山渔民画源于民间传统的吉祥丹青绘画，在明清时期，渔民们就已将自己的美好愿望画在了墙头、船身、床榻上，画作多取材于神话故事、民间传说、花卉鸟兽、山水风情，由此形成了民间常说的墙头画、船饰画、眠床画等。舟山渔民画曾于1987年走进中国美术馆,96件作品展示于中国绘画艺术殿堂,并且受到了业界和观众的广泛好评。1988年舟山定海、普陀、岱山和嵊泗四个区(县)被文化部命名为"中国现代民间绘画画乡",从此,舟山渔民画迎来了它的全盛时期,从浙东地区走向全国,从国内扬名海外。在20世纪80年代后期,舟山渔民画受邀先后在国内很多城市以及美国、澳大利亚、法国、德国、英国、西班牙等国展出。舟山渔民画饱满的构图、浓郁的色彩、质朴的画风使其成为民间绘画一道靓丽的风景线,也造就了一个独具特色、个性鲜明的民间艺术画创作群体。

舟山渔民画的创作者们跟传统的画家完全不同,这是一群当地土生土长的渔民画画家,主要以渔家姑娘、渔家嫂嫂为主。她们中的很多人没有受过专门的绘画训练,只是在劳作之余参加了渔民画培训,在专业老师的指导下,凭借着与生俱来对大海的无限热爱,以自由奔放的个性,用自己手中的彩色画笔描绘着海洋的千姿百态、渔民的乘风破浪、未来的无限美好。她们不仅把渔民画画在了画纸上,也画到了田间地头以及渔村的每个角落,这是现代渔民生活的美好画卷。

2015年5月,习近平总书记曾经到被誉为"中国最美渔村"的舟山南洞艺谷考察,传递了美丽中国要靠美丽乡村打基础的重要理念。总书记在调研时还特别驻足观赏了南洞艺谷的一幅幅渔民画和一件件工艺品,并与当地渔村村民交流,倾听他们的创作感受。南洞的一座座民居墙上也都是一幅幅描绘渔民生活和劳作场面的渔民画,是一帧帧中国渔民多彩而生动生活的影像。

由浙江彩田社动漫有限公司创作的舟山第一部渔民画动画片《千岛渔人》于2018年获得了"中国梦(浙江)网络视频大赛"的"最佳动画片(动漫)奖"。这部动画片以渔民画的形式充分展示了大量的舟山元素,包括舟山锣鼓、舟山跳蚤舞、舟山渔船、舟山渔民号子、舟山绿眉毛、舟山大黄鱼、舟山带货、舟山乌贼、定海古城、渔家妇女、迎亲风俗、祭海仪式、舞龙舞狮等,既有舟山"非遗"文化,又有舟山当地特产,既有古城风韵,又有渔家风情,观众们纷纷表示,原汁原味的舟山味儿在这部动画片中满溢出来。

正如刘胜勇(2015)认为的那样,舟山渔民画已逐渐形成了一个富有海洋特色的文化产业,并在展示舟山海洋文化、推介舟山海洋风土人情等方面,发挥着重要作用。①

现在渔民画不仅仅是渔家妇女在创作,越来越多的不同年龄阶段的爱好者也加入其中,甚至幼儿园的小朋友也参与进来。所以如果游客感兴趣的话,不妨也大胆地拿起手中的画笔,走进海边渔村。在当地画友的指导下,说不定一副创意十足、色彩绚丽的渔民画会由此诞生呢!

六、渔绳结

渔绳结是手工技艺类的非物质文化遗产,是源自舟山群

---

① 刘胜勇. 舟山渔民画:海的色彩海的梦[J]. 浙江档案,2015(09):42-43.

岛渔民长期生产和生活的手工技艺，于 2009 年被列入了浙江省第二批非物质文化遗产保护名录。据说，这项技艺在舟山可以追溯到千年前，可见其历史久远、传承不断。

渔绳结，就是渔民使用的各种绳扣，一般是渔民在劳动作业中，如补渔网眼、接断绳、船靠岸等要用到的绳结。这些绳结大都简便实用、结实牢固、易结易解，能够给渔民带来工作上的便捷，也能够保障渔民的安全。相传，渔绳结系法多达数百种，但是因为时间的流逝，部分系法已经失传，但舟山当地依然保留了一百五十余种系法，这长长的渔绳居然能打出五花八门的绳结来，真是令人感到不可思议。传统经典的舟山渔绳结主要有碰巴结、油饼结、平结、抛索结、撩板结、蝴蝶结、钥匙结，还有牛眼结、金线结、麻花结、观音兜等。现在的渔绳结已经融入了很多现代元素，变得更具有美观性，成为艺术观赏品。2015 年，习近平主席在考察舟山南洞艺谷时，对渔绳结传承人李芝琴自创的《如意》作品给予了极高的评价，可见国家领导人对基层手艺人的关爱以及对民间传统技艺的重视。

虽然捕鱼工具已经现代化，渔绳结也渐渐退出了历史的舞台，但是这个手工编织技艺承载着历史、传承着文化、彰显着艺术，是源于生活的智慧，是人类的共同财富，我们有责任去保护它。舟山当地老手艺人多年情系渔绳结，有些专门开办了渔绳结陈列室，有些积极参与渔文化活动、现场展示编织渔绳结技艺，还有些专门到各地学校给学生开设渔绳结编织手工课。2017 年，舟山举办了中国首届国际渔绳文化节，这是传承和发扬千年渔俗文化的一个开放平台。

七、剪　纸

完成渔民画、打完渔绳结，可以试着拿起剪刀和彩纸再创作一番。说到剪纸可能大家都不陌生。民间剪纸这项古老的传统艺术一直经久不衰，在不同的地区呈现不同的特色，所谓"北旷南秀"，郭沫若就曾经这样评价："曾见北国之窗花，其味天真而浑厚；今见南方之刻纸，玲珑剔透得未有。一剪之巧夺神功，美哉人间永不朽。"

在南方，在浙东，象山剪纸历史悠久，早在塔山遗址遗存中就有发现剪纸饰样，这足以说明浙东沿海的先民早就已经掌握了剪纸技艺并不断精进，用它来美化和丰富自己的生活。这项古老的民间技艺伴随着浙东渔区人民阅历的增长和智慧的丰盈，形式和内涵不断多样和充实起来。在他们的巧手下，各种图案跃然纸上、栩栩如生，有花鸟鱼虫、舟楫船舶、潮汐海浪、渔民渔乡等，主题广泛，"渔"味浓郁。

以传统红色和海洋蓝色为主色调的象山剪纸，于 2012 年被浙江省人民政府列为第四批省级非遗名录，比较知名的作品有《百船图》《百鱼图》《百螺图》等，当地渔区生活和渔业生产成了创作的重要主题和灵感源泉。象山剪纸大师层出不穷，现下最知名的象山剪纸艺术家当数谢才华大师了。作为象山当地人，谢才华是象山剪纸的"非遗"传承人，他从 1961 年开始入行，至今已快半个世纪。令人感到钦佩的是，他不仅全情投入剪纸创作，还用自己的积蓄创建了象山剪纸艺术馆，并将艺术馆和所有剪纸作品版权献给了国家，真是一位德艺双馨的老匠人。作为宁波文化使者，2008 年谢才华曾赴宁波的姊妹城市英国诺丁汉访问，他的数件作品，如《鸳鸯》《窗花》和《喜鹊》，被伦敦温莎城堡博物馆收藏，这既是两地文化互通的最好证明，也是中国民间艺术远播海外的成功案例。近年来，谢才华致力于用剪纸这种民间艺术展现"中国梦"这个新时代的主题，用精湛的技艺记录了平实真诚的瞬间、勤劳质朴的劳动者以及祖国的美好河山等，让我们感受到了象山剪纸艺术深刻的内涵底蕴、奋进的时代精神。好的技艺需要有广泛的群众基础，由谢才华出资的、于2008年落成的剪纸艺术馆是最好的展示和宣传窗口，可以让更多的民众了解剪纸艺术的魅力。再好的技艺都需要一代一代人的传承，艺术的苗子要从娃娃抓起，2012年，象山丹城第二小学被浙江省文化厅和浙江省教育厅联合命名为浙江省非物质文化遗产传承教学基地。这是极具现实意义的举措，为象山剪纸非遗保护迈出了坚实的一步。

要想更好地了解民间艺术，不妨走进"中国民间艺术之乡"的宁波象山，用双眼欣赏这琳琅满目的兼具民族与地方色彩的艺术成果；用双手亲自尝试将这蕴含深厚文化底蕴的艺术结合自己的"渔乡情"和"祖国情"裁剪出来、表达出来，这该是一件多有趣的事情呀！

八、渔　灯

来到象山，不妨再到石浦渔镇去看看，那里还有很多民间技艺值得学习。象山石浦位于象山半岛南端，东临大目洋和猫头洋，是"浙洋中路重镇"。那里不仅海洋资源丰富，海洋文化积淀也十分厚重，拥有着船模、渔模、渔灯、渔鼓等渔文化遗产。

制作石浦渔灯是当地人引以为傲的传统技艺，也是当地渔文化的一大显著特色。每到重要节庆，如"正月初一""元宵节""三月三""六月六""七月半"，还有"开渔节""美食节"，渔灯总是必不可少的。琳琅满目、形态各异的大小渔灯不仅能够烘托节庆气氛、寓意平安祥和，也是当地渔俗文化的重要宣传窗口。石浦人沿袭了先辈制作渔灯的精湛技艺，家家户户都能够制作渔灯，老老少少都对制作渔灯兴趣盎然，还会兴致勃勃地竞相媲美。

石浦渔灯的历史可以追溯到明代嘉靖末年，距今已有四百多年的历史了。当时为纪念抗倭将领的伟绩以及庆祝渔业的丰收，当地渔民们制作渔灯，走上街头，手持渔灯并跳起灯舞，场面喜庆隆重，这样的传统从那之后被沿袭了下来。

制作传统的石浦渔灯，工艺相当复杂，主要有几大步骤。首先，要设计图样，包括支架、外观等。然后着手开工。一般采用细毛竹条根据鱼的形状扎成架子，然后需要用麻绳或铅丝固定。之后，将白布或白纸用糨糊粘到架子上，要幔得紧、粘得巧。最后当然是要用颜料上色，画出活灵活现的鱼眼睛、鱼鳃、鱼鳞、鱼鳍、鱼尾等，画工要细腻，着色要自然。这样，一件完美的渔灯就做好了！当地的老手艺人制作渔灯全凭多年的经验，技艺娴熟，手到擒来。不一会儿，黄鱼灯、鳗鱼灯、带鱼灯、鲳鱼灯、马鲛鱼灯、比目鱼灯、鲨鱼灯、龙头鱼灯、乌贼灯、鲫鱼灯、虾灯、蟹灯就挂了起来。除了这些，还有呢！龙灯、兔灯、孔雀灯、铜鼓灯、荷花灯、桃子灯等，造型多样，一时满眼都看不过来。石浦渔灯往往造型夸张、炫目艳丽、海洋气息浓郁，因此在 2008 年被列入宁波市非物质文化遗产名录。

随着时代的变迁、城镇的发展，老一代的石浦渔灯传承人有些已经仙逝，有些年事已高，而当地的年轻人大多出外打工或不愿意从事这样一份清贫的职业。同其他传统技艺一样，渔灯制作技艺面临着失传的窘境。石浦镇政府也积极采取措施，竭力保护渔民传统工艺和渔文化资源。石浦当地很多学校组织学生学习制作渔灯，并曾将学生制作的各式各样渔灯挂满渔港街道，烘托出渔镇热火朝天、欣欣向荣的美好生活。石浦当地的老年大学、社区学院也组织老人学习制作渔灯，丰富了老年人的生活。石浦当地还有很多渔灯商铺和制作工坊，可以观赏和学习制作渔灯。每逢节庆日，人们走在石浦镇的石板路上，沿街都是各式各色的渔灯，路旁还有老旧斑驳的墙壁、古色古香的商铺、来来往往的人群。这尽显渔家风情的小镇令人驻足，不愿离去。人们可以在渔灯老匠人的带领下，自己亲手制作一盏简易的渔灯，画上美丽的色彩，在灯的中心点上蜡烛。待到夜幕降临，手提渔灯、走在渔港，沉浸在点点的渔火之中，太美妙了！

九、沙雕与沙画

在沿海地区，最不缺的就是海沙了。众所周知，海沙的盐分重，会对混凝土、钢筋等产生腐蚀作用，因此一般不适合做建筑材料，但是海沙也能给游客带来无限乐趣，走在绵软的沙滩上,把脚丫子陷进海沙里,再跟朋友们一起堆沙堡,别提有多高兴了!但海沙用途不止于此,在艺术家的手上,它们又会变幻为另一种模样。艺术家的想象力可真够丰富,他们用自己的巧手将海沙做成了各种艺术作品,比如沙雕、沙画等,令人叹为观止。

先来说说沙雕吧!沙雕,就是用沙堆积并雕刻成艺术品。做沙雕的沙子一般比较细软纯净的,就是所谓的细沙,不掺杂其他杂质。沙雕艺术源于美国,在20世纪初美国的佛罗里达州和加利福尼亚州海岸分别举办了各种沙雕活动和沙雕竞赛,促进了艺术家之间的交流,增进了他们的创作技能,逐渐形成和发展了沙雕艺术。随着沙雕艺术得到大家的认可,由它衍生的商业活动也越来越多,也带动了当地旅游经济的发展。在国际上有很多比较知名的沙雕节,比如美国的波士顿国际沙雕节、意大利威尼斯的 JESOLS 国际沙雕节、俄罗斯的圣彼得堡国际沙雕节、加拿大的魁北克国际沙雕节、新加坡的圣淘沙国际沙雕节等。国内也有些城市举办沙雕节,如福建泉州、山东日照、江苏宿迁、上海金山等,在浙东沿海比较有影响力的就是舟山国际沙雕节。

从1999年开始,中国舟山国际沙雕节落户舟山朱家尖,开启了我国沙雕艺术和旅游活动的先河,至今历时二十余年。每年的沙雕节会有不同的主题,并邀请各国沙雕艺术大师参与,最终给游客呈现出一场"沙子与艺术"的盛宴。沙雕节一般从每年的7月开始到11月结束,吸引了成千上万的游客专门前来欣赏沙雕作品,体会沙雕艺术之美。

舟山国际沙雕节主题也相当之丰富,其中跟"海洋"有关的有第七届的"走向海洋"、第十届的"世界海岛公园"、第十一届的"未来海洋之城"、第十五届的"蓝色海洋梦"、第十六届的"欢乐海洋";还有紧跟时代主旋律的,如第十八届的"沙绘G20"、第十九届的"一带一路·中国梦",可见沙雕作品不仅仅向游客展示了艺术的美感,也能够紧跟时代的步伐,积极传递正能量,引发人们更深层的思考。

沙雕是沙子雕刻艺术,那么沙画就是沙子与绘画的完美结合。任何人都可以随性在沙滩上作画,可以画鱼、画虾、画飞鸟,可以画家人、画伙伴、画朋友,也可以画童话故事、画传奇人物。可能画法是稚嫩的,但乐趣是无穷的,这是平民沙画,这是大众艺术。

专业的沙画是一种独特的艺术形式,融合了美学、文化、光影,糅合了传统与现代技法,可以是固态的,也可以是动态的,是创新的视觉艺术,具有独特的魅力。通过沙画,我们可以近距离欣赏一幅幅世界名画,也可以阅读到一个个动人的故事。在名为《东海之门——椒江》沙画视频中,艺术家用沙画的形式,通过不断变幻的画面和富有感染力的声音,将浙江台州椒江的历史娓娓道来。从唐朝伊始,穿越历朝历代,经历解放战争,迎来了和平的新时代,视频还将椒江的璀璨人文和名胜古迹有机地结合在一起,正如片中最后的一句解说词:"一座城市,一个传奇",这个沙画视频显然是一部非常好的城市宣传片。

现在沙画已然成为一种受大家欢迎的推广方式,因为它具有一定的感染力,形式直接而又内涵丰富。比如,2019年8月浙江绍兴上虞区在杭州为自己的旅游文化资源做推介活动时,采用了多样的形式,其中就有"沙画颂诗"的方式,使在座的嘉宾身临其境,推介效果甚佳。

学习沙画也已经成为很多家长和孩子的选择。玩是孩子的天性。很多孩子更是喜欢玩沙子。沙画可以将孩子的兴趣与创作结合起来,培养孩子善于观察、勤于动脑、乐于动手以及审美、表达等综合能力。想象一下,当你手握绵软的细沙,心中有故事,想要表达出来,站在沙画台前,不由自主地开始肆意挥洒,这是多么畅快的时刻呀!

十、贝壳艺术

在海边,最常见的还有贝壳,浙东沿海也不例外。当享受完一顿地道的浙东海鲜,饭桌上大都会留下很多贝壳。贝壳其实就是海洋软体动物为保护自己建造的"房子",是一种钙化物质。大部分的贝壳是白色的,但也有其他鲜艳的色彩,而且贝壳形状各异,具有很高的可塑性。我们可以将多个贝壳通过不同的组合粘合成各种艺术品,美观大方,形式各异,装饰性强,是可爱灵巧的小物件,也是很多游客喜爱的旅游纪念品。当地很多渔家自己手工做贝类工艺品,还有贝壳项链、贝壳手链、贝壳包、贝壳挂件、贝壳风铃等,让人眼花缭乱、爱不释手。

其实我们自己也可以动手制作简单的贝壳工艺品,比如做个小鸟样子的贝壳手工艺品。先准备好贝壳,将它们洗净,然后将贝壳打磨,接着拼接成小鸟的样子,用黏性强的胶水粘好,之后就是上色的环节了,给小鸟画上眼、啄、鼻,然后再做一些调整和固定，一件简单且有创意的小鸟贝壳工艺品就完成了。

其实贝壳还可以带来更多的美的享受。先来介绍一下贝壳画。可以用贝壳做粘贴画，也可以在贝壳上画画。吃完的花蛤、辣螺、蛏子、淡菜、螃蟹等的壳都可以作为原材料。你可以尽情发挥奇思妙想，完成绘画创作。首先还是要把贝壳完全洗净、晒干。如果要做贝壳粘贴画，那么就要在画纸上打上底稿，然后用玻璃胶将贝壳粘在底稿上，之后就是细致地润色、加工，使之凝固，一副贝壳粘贴画才算完工。要是在贝壳上画画，那么贝壳本身就是底稿，根据贝壳的大小和形状，可以绘画出各种主题的画作，包括海洋风景画、渔民生活画、人物卡通画、植物山水画等。贝壳元素使得贝壳画非常立体生动，独具特色，无比精美。张国旭的《儿童趣味贝壳画》（金盾出版社，2003）里介绍了贝壳画的制作说明、制作步骤和示范作品，是一本不错的参考书籍。贝壳画可以变废为宝，实现资源循环利用，也体现了一种环保理念。

不知道你是否听说过贝雕？贝雕就是利用贝壳的天然色泽、纹路、形状等，通过多样的途径进行雕刻的艺术或者完成的工艺品。我国的很多沿海地区已将贝雕列入当地物质文化遗产名录，比如大连贝雕被列入辽宁省非物质文化遗产，连云港贝雕被列入江苏省非物质文化遗产，平潭贝雕被列入福建省非物质文化遗产，北海贝雕被列入广西非物质文化遗产名录等。那么在浙东沿海地区呢？舟山贝雕是浙江舟山市的传统雕刻艺术之一，具有百年发展历史，于2008年被列入市级非物质文化遗产保护名录，2016年获批浙江省非物质文化遗产代表性项目名录。舟山贝雕以东海当地贝壳作为原料，根据贝壳本身的色彩、光泽、纹理、形态，工艺大师用自己精湛的技艺对原料进行精雕细琢，在他们的精细雕琢下，这些贝壳成为各式各样、神形兼备的画屏工艺品，多以人物、风景、花鸟、山水为主题，并以其立体、逼真、小巧、实用而著称。2015年，舟山贝雕传承人夏雨缀的作品《吴越艺乐图》获得中国（杭州）工艺美术精品博览会的金奖，可见舟山贝雕在业界受到了极大的认可。作为当地的特色文化和特色工艺，舟山贝雕技艺需要一代一代保护和传承下去，也需要被更多的人认识和欣赏。

十一、海边狂欢

到了海边，总想来场不一样的狂欢，与音乐的邂逅就是一项很不错的选择。国外有很多非常知名的海边音乐节，如美国的巢穴音乐节（Hangout Music Festival）、英国的冲浪大师音乐节（Boardmasters Festival）。说到浙江的音乐节，大家可能比较容易想到杭州的草莓音乐节，有很多大牌的明星，阵容比较强大，规格比较高，但它并不是海边音乐节。

东海音乐节诞生于2011年的浙江舟山，是一个与大海、与音乐的美丽约定，也是近年来比较受年轻人追捧的大型户外音乐节。东海音乐节倡导海洋生态的理念，以纯粹的户外音乐体验吸引了大批的音乐爱好者。在夏日的夜晚，在美丽的沙滩上，微微的海风、湿润的空气、动感的音乐、绚丽的荧光、舞动的人群、青春的笑脸……这一切的一切会让人们沉浸其中，忘却烦恼，在海浪的伴奏中，只想来一场青春狂欢，这样的音乐节给人以完全不一样的体验和感受！2019年7月在宁波北仑的海边举办了一场"南窗青年音乐节"，这是首届北仑青年文化节的重要活动之一，超过一万名音乐爱好者从全国各地赶来，与受邀的音乐人一起来了一场夏日海滩音乐狂欢。现场人声鼎沸，人头攒动，激情四射，这就是"海洋"与"音乐"之间神奇的化学反应。

在海边，也可以来一场与美食的邂逅。每个海滩边总是会有很多露天美食，比如海鲜、烧烤、小吃、冷饮、啤酒、甜品、水果等，满足人们此刻想要吹着海风、听着海浪、享受美食的心情。

在海边，与烟火的邂逅也是一段极美好的记忆。一般逢年过节在很多大城市都会举行盛大的烟花表演，比如澳大利亚的悉尼、法国的巴黎、英国的伦敦、加拿大的温哥华等，国内的话，上海、香港、澳门、台北的烟花秀也深入人心。在浙东沿海，大型的烟火表演因为安全和环保的问题可能比较难遇到，但是偶尔也会举行水上烟花秀，这时候不妨驻足欣赏这烟火与海的巧妙组合。其实在许可的情况下，人们也可以自己在海滩边放一下烟火，这种经历也十分难得。

还有一个奇妙的组合就是沙滩和露天电影。这两个元素都有浪漫的成分，把它们结合在一起，那么浪漫就加倍了。广西的北海和山东的青岛都举办过海边露天电影节，在浙东的象山也曾组织过海边露天观影活动。象山还有个影视城，很多著名的影视作品诞生于此，影迷们在象山的海滩上观看露天电影，同时捕捉电影画面中的象山元素，更有趣味。

再来说说海边篝火晚会。在炎炎夏日，趁海风习习，大家一起欢聚海边，在绵绵的沙滩上，来一场篝火晚会，手拉手唱歌跳舞，玩一玩小游戏，品尝一下海边美食，让篝火点燃大家的激情和快乐，这难道不是一个绝好的放松心情、回归自然的机会吗？

十二、特色渔村

来到浙东沿海，不妨游历一下特色渔村，相信一定会让你亲近自然，增长见识，体验渔趣，收获快乐。那么我们就从北向南逛一逛这些原生态的美丽小渔村吧！

首先我们来到舟山群岛，它由 1390 个岛屿组成，是中国唯一的"千岛之城"。我国著名诗人贾漫在 1985 年游舟山时，写下了这样的优美诗句："我所储存的怀念，密封在陈曲的瓶中内，一旦打开了瓶口，整个舟山呀，最让我染醉！"可见这个地方的魅力。素有"东海蓬莱"之称的舟山岱山位于舟山群岛的中部，全县共有 406 个大小岛屿，如镶嵌在东海碧波中的一颗颗明珠。在这里有不少原生态的小渔村值得造访。特别要介绍的在"风车之岛"衢山岛东侧的田涂渔村。这个渔村三面环山，一面临海，拥有天然的港湾和滩涂，自然风光无限，环境相当优美。这里民风质朴，海产丰富。近年来渔民们办起了农家乐、大排档、海钓基地,吸引了不少观光客,田涂渔村也因此成为"休闲渔业示范基地",是远近闻名的市级文明村和小康村。渔民的生活改善了,但是淳朴的民风、秀丽的风光、海岛的闲适依然没有改变。来到这里,你可以面向大海,吹着海风,观着海景,品着海鲜,放空自己。

接着我们来到舟山本岛。坐落在"沙雕故乡"舟山朱家尖大青山麓下的筲箕湾渔村是目前浙东沿海地区保存得最为完整的原生态渔村。之所以取名为筲箕湾,是因为其地理位置。其地西面是洋鞍渔场的乌沙门水道,东南北三面环山,渔村就在中间的腹地上,形似渔民常用的筲箕,故得名筲箕湾。筲箕湾依山傍海,地理位置优越,难怪这里是朱家尖岛上渔民最早的安居之地。先民们在这里驾船出海、撒网捕鱼、耕耘劳作、代代繁衍,逐渐形成了一个自然渔村,大约有两百多户居民在这里安居乐业。到了村口,就可见一块石碑,上面写着"中国筲箕湾渔村",一眼远眺,这里坐落着一栋栋青檐石墙的民居,没有华丽的灯光、高耸的建筑,有的只是宁静质朴的渔村样貌。再走进村子里,你会发现,这里大多保持着渔村的原生态,随处是各类渔具渔网,也可见渔民在船头的忙碌、渔嫂在织网晒鲞,没有人头攒动,但却温馨祥和。你也可以登上大青山上的观景台,鸟瞰海湾,美景一览无遗。

离开舟山,来到宁波。在宁波东钱湖畔,有个小渔村,名叫殷湾村。这个渔村有着上千年的历史,依山傍水,风景宜人。这是典型的湖边江南小渔村,人口不多,民风古朴,湖边停靠着归来的渔船,村民在湖边洗衣做饭。这里有四百多年的郑氏宗祠,还有著名的钱湖十景之一"殷家渔火"。这里渔村的烟火气,也是渔村的迷人之处。偶然来到湖边渔村,也是一次不错的游历。

接下来我们到宁波海边渔村走走。首选的是宁波象山的石浦镇。清代陈秉元的《石浦竹枝词》这样写道:"蜃雨腥风骇浪前,高低曲折一城圆。人家住在潮烟里,万里涛声到枕边。"说的就是这海防要塞和渔业商埠之古城石浦。那么第一站我们来到宁波象山石浦的东门渔村。2012 年东门渔村入选中国首批传统村落名录。走近渔村,村口立着硕大的木牌坊,上面写着"浙江渔业第一村"七个大字。东门渔村三面环山,一面靠海,是一个天然良港。进村后,到处可见一艘艘渔船整齐划一地停靠在码头,渔船上的国旗随着海风飘扬,景象蔚为壮观。东门渔村历史悠久,民间有"新石浦老东门"的说法。村里有建于清朝时期的老街,斑驳的墙体和略显陈旧的装饰仿佛在述说往昔的历史,虽然已经没有了以往的繁华热闹,但却是渔村历史的印记。这里的居民大多是渔民,靠出海捕鱼为生,有些也开了饭馆、民宿,生活在不断改善。走在东门渔村,空气里都是海的气息,到处都是渔业劳作景象,难怪东门渔村有"活态"渔文化博物馆的美誉。

在宁波象山的石浦还有一个小渔村叫作沙塘湾,据传已有四百年的历史。从山坡上往湾里看,你会发现绵延百米的海滩犹如一弯弓弩,呈现弧形状,海浪时不时地拍打着海岸,海岸上的卵石被海浪冲刷着,而沿山而建的渔村正朝着大海的方向,这是多么和谐的组合呀!穿过山下的隧道,视线豁然开朗,渔村就出现在眼前。沙塘湾与石浦隔着一座山,天然的屏障将渔村变成了世外桃源,没有城市的喧嚣,只有海浪的低声吟唱,没有霓虹灯光的炫目,只有渔村灯火的温馨。值得一提,沙塘湾是象山石浦的"闽南村",村里很多老人都说闽南话,因为他们的祖辈从福建迁居到此,落户定居,生根发芽。据说已故亚洲飞人"柯受良"就出生在这里的一户普通渔民家庭,3岁时随父母迁居至台湾台东县。现在在这里,与老宅古村相伴的大都是上了一定年纪的人,因为很多年轻的村民都去石浦镇或更远的地方打拼去了。但当地政府力争把沙塘村打造成"宁波民宿第一村",很多老屋被开发成了民宿,迎接游客的到来。这里美丽的海湾、静怡的风光、独特的卵石滩,无一不让人流连忘返。

出了宁波往西,我们来到了绍兴。在中国的57个沿海城市名单中,绍兴也位居其一,但海岸线较短。绍兴作为江南水乡的代表,市内水系特别发达。在绍兴的市郊有个名叫则水牌村的千年渔村,依古鉴湖和浙东古运河而生,与绍兴一样拥有二千五百多年的历史,多出湖鲜河鲜。由王纪春、高积恭编写的《则水牌志》一书中提到了渔村的改名历史:"则水牌,在越王勾践时期,被称为巫山里。南宋绍兴年间,巫山里改名为则水牌,清乾隆年间改为则水乡,清宣统时代改为会龙。"清朝乾隆帝下江南,到会稽祭祀大禹之后,途经此地,闻得当地民众治理水患有功,为则水牌亲题村名。2018年,在则水牌村河道施工中出土了一块明代的测水片,这是当地水系发展和水利历史的重要见证。由以上文献和文物可知，这个村庄历史久远。曾经是渔业、造船业、水上运输业繁盛地的则水牌在历史的发展中渐渐失去了原有的优势，面临着城市化的进程与变迁，但这个千年渔村的美好记忆会保留在当地人的心中和他们的相册里，代代相传。

我们继续沿海南下，探访台州的特色渔村。台州温岭的石塘古镇以石塘山为屏障，面朝东海，拥有天然的港湾和绝美的海岸线，被誉为"东海之滨的好望角"。石塘古镇的建筑别具特色，为了避免海风、海浪以及潮湿的空气的侵蚀，大都是用石头和岩块垒筑而成，既坚固又耐用，这也是这里的房屋屹立不倒的原因。石屋群是浙江传统民居中非常典型的一种形式，遍及浙东沿海，如舟山群岛、宁波石浦等，但现在保存比较完好的当属台州石塘了。正如石塘镇的名字，"石"已经成为它的重要特色了。在石塘古镇有个五岙村，位于镇中区域，曾上榜农业部的"最美渔村"名录，可见它的风景是多么的迷人。古朴和粗犷的石屋层层叠叠地陷在翠绿的山峦里，沿山而建，高低错落，顺着山路而下就能来到沿海绿道，前面就是蔚蓝的大海。从山顶的观景台望去，仿佛看到了一幅幅生动的水粉画，带着文艺复古风，海、天、山、屋、船都是那样和谐，无限风景尽收眼底。到了这里，难免要到"网红打卡地"一转，那就是综艺节目《三个院子》的拍摄地，位于五岙村滨海绿道的一处院子。这里有不少石屋民宿，面朝大海，看潮起潮落、日升日降、云卷云舒。与其他的渔村一样，五岙村主要以渔业为主，男人们出海打鱼，女人们在家晒晒鱼货，孩子们在沙滩上追逐嬉戏，海水拍打着岸堤，渔船漂浮在海面，温暖的阳光洒下来，海面泛着点点金光，这就是五奓村渔家的日常，这就是五奓村美丽的风光。

石塘古镇里还有个名叫"小箬村"的渔村，位于石塘半岛的西南部，非常特别。与其他渔村不同的是，这个渔村色彩绚丽，在由石头垒成的房屋外部粉刷着多彩的颜色，在窗户、在门梁、在房顶、在石阶，颜色各异，有粉的、红的、黄的、绿的、蓝的……像是被打翻了的调色板，非常"小清新"，远远望去充满了梦幻气息，仿佛置身于童话世界，让人遐想万千。这样可爱的"马卡龙色系"的渔村建筑群引起了人们的好奇心，很多人到这里观光拍照，因此小箬村已然成为旅游胜地。这里的每一栋房子、每一个街角，就连陶罐花盆，都是不容错过的风景。七彩的小箬村俨然成为渔村里的童话小镇。之前小箬村是在东海上的一个岛屿，与陆地并不相连，村民们需要靠乘船进出渔村。1984年，人们在陆地和小岛之间筑起了堤坝，经过改造，小箬村与陆地相连，方便了村民的生活，也便利了想要去那里的游客们。原来孤立的海岛变成了大陆的一部分，并且在村民的奇思妙想下成了这里最美的风景线。

十三、美丽小岛

逛完渔村，我们还是沿着东海岸线，探访一下这个海域的美丽小岛，领略自然风光，感受小岛乐趣。

舟山被誉为"千岛之乡",舟山群岛由一千三百多个大大小小的岛屿组成。说到岛屿的自然风光,人们一般都会想到"中国最东边的岛屿"东极岛,是韩寒的电影《后会无期》的取景地。那么还有没有其他美丽的小岛呢?这里,首先想要介绍的是位于嵊泗列岛东部的,被称为"东方小希腊"的枸杞岛。相传早年渔民登岛避风,发现岛上曾遍生火红的枸杞,因此得名为枸杞岛,但现在很难在岛上看到大片的枸杞灌木了。这个陆地面积不到 6 平方千米的小岛呈"T"字形,四面环海,需要乘船或者渡轮到达。小岛不大,碧海蓝天,生活节奏缓慢,适合休闲旅行。这里有大王沙滩,沙质柔软细腻,海水蔚蓝清澈,非常适合沙滩漫步和海上游泳。在海边有不少民宿,可供游客暂住,游玩者可以随时与大海亲密接触,享受这悠闲的海边时光。渔村、海滩、海港,无一不是美景所在。岛上知名的景点还有山海奇观碑,位于枸杞岛的南部。在五里碑峰巅的山崖上赫然刻着"山海奇观"四个大字,坐西朝东。据考证这是明万历十八年(1590)浙直总兵都督侯继高督汛时所题,是著名的抗击倭寇纪念碑。登上山顶,往四周看,小岛上的美景尽收眼底。来到枸杞岛肯定不能错过邻居嵊山岛,在俗称"东方好望角"的鳗嘴头看日出,在宛如绿野仙踪的无人村中寻找梦境。享受了眼福,也要饱饱口福,枸杞岛是"贻贝之乡",也就是当地人俗称的"淡菜"和北方人口中的"海虹"。所谓"靠山吃山,靠海吃海",枸杞岛四周环绕着东海,海水蔚蓝纯净,适合贻贝的养殖,这里有万亩贻贝养殖示范区。这里的贻贝肉厚壳薄,质量上乘,远销海内外。待到日落西海,坐在海边,吹着海风,再来一盘水煮的新鲜贻贝，怎是一个"爽"字了得。

嵊泗列岛的最北端，也是枸杞岛的北部，还有一座神奇的小岛，名叫花鸟岛。听着名字就有种鸟语花香的感觉。这座小岛上的建筑以蓝白调为主，显得格外文艺范，与爱琴海上的圣托里尼岛的风格相似，因此这座岛也被称为"中国的圣托里尼"。这个岛要比枸杞岛小得多，仅2.2平方千米，一天就能走完，但是它独特的魅力，会让游客醉心于此，不愿离去。花鸟岛上最著名的景点是坐落在西北角山上的花鸟灯塔，有17米高，始建于清朝同治九年（1870），因其重要的地理位置和悠久的历史而被称为"亚洲第二大灯塔""远东第一灯塔"，也是全国重点文物保护单位之一。灯塔呈圆柱状，上面为黑色铁板和玻璃墙体相间，下面为白色混凝土砖石结构，远远望去，就如同一个世纪老人，正在环顾和庇佑着这方水土。在花鸟岛上，一切都可以慢下来，沿着环岛的红白相间码塔线行走，一路是不可复制的美景，有蔚蓝色的大海，有明媚的阳光，还有那丛丛绿荫、点点花草，不需要添加滤镜，随手一拍就是美丽风景画。花鸟岛上的人口不多，每日的游客数量也有限制的，因此在这里可以享受到难得的宁静和惬意。岛上大都是渔民，以捕鱼或养殖为生，家家户户的院子里都能看到渔网和渔具。在海岛上可以等待日出和日落，海天一线的景色令人震撼。在五六月份的花鸟岛沿海还会出现荧光海，犹如蓝色的绸缎在海中漂荡，又如同银河坠落到了人间，美丽无比。只要不是禁渔期，花鸟岛上的东海海鲜还是很丰盛的，特别是海蜇皮、螺酱，你可以大快朵颐，享受美景美食。

接着让我们南下,寻觅宁波的小岛吧!在宁波象山南部的三门湾口洋面上有个花岙岛,因岛上多花多岙而得名,这是一座由火山岩浆生成的海岛,自然景观众多。早在南北朝时期,花岙岛就被道家称为"南天七十二福地"。花岙岛面积大约12平方千米,有近30千米的海岸线,是全省首个海岛地质公园。岛上重峦叠嶂,共有36个岙,如以鹅卵石滩闻名的清水岙、以古木名人出名的高涂岙,还有108个洞,如吕洞宾修法的纯阳洞、花岙仙子修道的仙子洞。花岙岛海湾众多,地势险峻,可谓大自然的鬼斧神工,景观尤为奇特,因此有"海上仙子国,人间瀛洲城"的赞誉。"海上石林"景观蔚为壮观,远远望去崖壁像被锋利的刀劈过一样,竖立的、横斜的,如结晶状,呈黄褐色,密密麻麻,连成一片,展示了一种原始的、错落的、宏伟的"海岛丹霞地貌"的景象,是世界三大火山岩原生地貌之一,让人惊叹不已。花岙岛上沙滩比较少见,沿海是鹅卵石滩,大大小小的鹅卵石圆溜溜的、滑滑的,呈现青灰色,潮来潮往,拍打着卵石,发出哗哗的响声,犹如大海的叹息,时而急促,时而低缓。不妨在岩石上坐一坐,你的耳边会响起一段自然交响曲。花岙岛除了自然景观,还有独特的人文景观。据传,花岙岛在唐朝时就有人居住了,这里有很多动人的民间传说,如"仙人锯石林造房";有名人古迹,如张苍水兵营遗址;还有那千古之谜沙滩古樟木桩林,这一切都给花岙岛披上了一件神秘的外衣,让人浮想联翩、意犹未尽。花岙岛还有象山最后的一个海盐盐场,这里曾经是"贡盐之乡",传统的晒盐技艺历史悠久,已被列入国家非物质保护遗产名录,来到这里,也不妨去感受一下古老而传统的渔民制盐技艺。在花岙岛自然少不了海鲜,你可以找到任何一家农家乐,品尝东海海鲜。如果想带走,这里的鱼干、虾干、贻贝干都是不错的选择。

被称为"亚洲第一钓场"的渔山岛是列岛,位于宁波象山县,距离石浦东南27海里左右,主要有南渔山和北渔山。渔山列岛位于南北洋交流地带,附近海域渔产丰富,各地渔民常在此捕鱼作业,"渔山"名称由此而来。另外,这里岛礁资源丰富、海水清澈,因此渔山也是海钓的绝佳去处。游客一般游览的是北渔山岛,面积不大,仅0.5平方千米,这里集露营、海钓、海鲜、民宿为一体。每年5月到9月是渔山最美的季节。这里蓝天碧海、空气清新、草长莺飞、生机盎然、奇礁异石、风景无限。北渔山灯塔是游客们必打卡处,也是渔山岛的地标。灯塔坐落在北渔山南峰,建于清朝光绪二十一年(1895),高16.9米,呈圆柱状,红白相间,格外耀眼。与之相对的是1949后建成的现代太阳能灯塔,是钢铁结构,比老灯塔高些、瘦些。在海面上就能远远看见这样两座灯塔,一高一矮,一胖一瘦,一亮一灰,像是俩姊妹,共同守护着来往的渔船和这里的渔民。这里还有一个必到的景点是仙人桥,堪称"渔山一绝"。在海上看,它是一道高约20米、宽约30米的巨大的临悬着的石洞,而在岛上,它又是一座桥,真可谓大自然的杰作。"仙人桥"横跨在惊涛骇浪之上,岩石在海浪的不断冲刷下,越发显得宏伟壮观,俯瞰桥下,感觉海风来袭,听到涛声如雷,顿时让人有种"万劫不复"之感,似要被这撼天动地的大海带走。难怪不少游人仅仅到了桥身的中央，就迫不及待地返回了原处。这真是大自然的鬼斧神工造就了的"东海一绝"啊！渔山岛上人口仅三四百，大都是渔民，随处可见的是渔网渔具，还有停靠在码头的渔船以及捕获的新鲜海鲜。太阳渐渐西下，整个渔村显得非常的安静，只有古朴的房子、斑驳的墙体、蜿蜒的巷子，还有那些废弃的碉堡、兵营、战备山洞，在述说着这里曾经发生的故事。

离开宁波，我们继续沿着海岸线南下，到台州附近海域的小岛游览。首先来到距离台州市区 29 海里的大陈岛。大陈岛隶属于台州椒江。椒江位于浙江东南部沿海，海域面积约 1600 多平方千米，拥有浙江第二大渔场——大陈渔场，渔业资源相当丰富。大陈岛主要由上、下大陈岛组成，面积约 12 平方千米。在上大陈岛上，可以参观位于大岙里自然村保存完好的胡宗南指挥部遗址，这里青山绿树，环境甚好。在山腰处还有暗道、碉堡、防空洞、大炮、钓鱼池、水井等。另外，还可以到自然风光无限的帽羽纱。这里有呈弧形状的沙砾滩，是由大大小小的、灰黄色的砾石堆积而成的，东西两侧宛如双臂，形成天然屏障，从远处看如同帽檐一样，非常平坦，适合游泳玩耍。还有乌沙头景区长达 2500 米的栈道，盘旋在悬崖峭壁，凌驾于海涛之上，让人啧啧称奇，被誉为是大陈岛"最牛"的景点。上、下大陈岛两岛之间的距离只有 2.5 千米。相比较上大陈岛，下大陈岛旅游资源更为丰富，因此去下大陈岛的游客比较多，那里也是大陈镇镇政府的所在地。下大陈岛山海一色，岩奇滩平，风光秀丽。在这里有号称"中国第一海上盆景"的甲午岩。两块巨大的礁石在海上垂直耸立,犹如一块巨石瞬间被神斧劈成了两半,即使骇浪来袭,依然巍然屹立,气势磅礴,景象壮观。蒋介石曾于1954年在此观景,留影甲午岩,并建有"中正亭",现名"思归亭"。在不远处还有飞虎崖。这是一处长约150米、深约30米的峡谷,看上去如同一只雄虎伏卧在海上,而海水翻腾时,峡谷中会发出隆隆声响,由此得名。在下大陈岛的明珠街坐落着一栋青灰色的小洋楼,被称作"蒋经国旧居",蒋经国曾在这里住了一年半。楼里陈列着他的生平事迹以及当时房间的陈设。下陈岛不仅记录了当时国民党狼狈而逃的下场,也见证了新中国艰苦奋斗的岁月。凤尾山顶屹立着一座高为16.5米的"大陈岛青年垦荒纪念碑"。国防部原部长张爱萍将军题写了碑名,胡耀邦同志的手迹"艰苦创业,奋发图强"镌刻在纪念碑的背面。这是对当时艰苦卓绝的垦荒精神的歌颂,同时也将红色基因深深地注入了这片土地。说到美食,大陈岛海域海产丰富,种类繁多,如螃蟹、贝类、带鱼、鲳鱼、皮皮虾等。大陈岛还一直是浙江省重要的海鲜养殖基地,特别闻名的是大黄鱼养殖基地,年产量大,产值达几亿元。你瞧,大陈岛既是自然博物馆、历史博物馆,还是渔家文化馆、美食汇集地。到这里,你一定会觉得不虚此行。

继续往南,我们来到了位于浙江省台州玉环东南洋面上的大鹿岛。大鹿岛面积不到2平方千米,由大鹿山和小鹿山两岛组成,以浅滩相接。岛名的由来有两种说法,其一是说天庭有一只神鹿,因偷衔鲜果撒播人间,而被雷击,坠入海中，幻化成了海上的岛，其二是说因鹿山形似神鹿仰天长啸于海面，故此得名。大鹿岛于 2007 年被评为国家 4A 级旅游风景区，是台州市"十大旅游景观"之一，是中国首个海岛森林公园，素有"东海碧玉"之称。这里森林覆盖率高，负氧离子含量高，树种也极其丰富，有近一千种植物。漫步在环岛公路上，行走于茂密的丛林，曲径通幽，空气清新。站在山顶，周围绿树成荫，再远眺，岛的四周奇崖怪石，外围是一望无垠的海水，那一抹湛蓝，宛如人间仙境。"鹿山三绝"，包括海上森林、奇礁异石和岩礁艺术。特别要提到的是大鹿岛沿岸大大小小的岩雕作品，它们由中国美术学院教授洪世清历经 16 年完成，个个活灵活现、栩栩如生，为小岛增添了艺术气息，香港的杂志曾评论这些岩雕艺术作品是"一个令人惊异的创举"。在大鹿岛除了 99 件岩雕，还有 16 副名家的摩崖题刻，更为小岛增添了更多的文艺色彩。大鹿岛虽小，但目前已有 20 处景观、77 个景点，是有极高人文价值的生态岛屿。在大鹿岛，你可以吃到时令海鲜，如螃蟹、虾、贝类等，还可以品尝到玉环当地的美食，如鱼皮馄饨、清炖跳跳鱼等。

朴实勤劳的浙东渔民、新鲜的浙东渔鲜、风情万千的浙东渔村、风光无限的浙东海岛……行走在浙东沿海，感受着这生动的丰富的渔文化，人们可以得到无限的惊喜和无穷的乐趣。

第四章 浙东渔文化的特色与内涵

体验了渔俗,聆听了渔歌,倾听了渔谚,品尝了渔味,享受了渔趣,这是多么精彩、多么鲜活的浙东渔文化之旅啊!漫步在浙东沿海地区,你会发现这里处处都是那样生动,这里的人,这里的山,这里的海,这里的岛……每一天都会有新的变化,带来新的感动,迎来新的收获。

那么，浙东渔文化的特色和内涵是什么呢？首先，在这里讨论的"渔文化"特指"海洋渔文化"。浙东地区濒临东海，拥有绵长的海岸线和大量的岛礁，海洋资源非常丰富。因此，说到浙东渔文化，一般就指的是浙东海洋渔文化。浙东渔文化是浙东海洋文化重要的组成部分，在浙东海洋文化建设中占有非常重要的地位，主要表现在浙东沿海渔区的生产作业、生活习俗、传统信仰等方面，是具有流传性和传承性的物质和非物质文化的总和。浙东渔文化展现了它鲜明的特色、丰富的内涵、无穷的魅力，是浙东文化的一处瑰宝，是浙东人引以为傲的存在。

第一节　浙东渔文化的特色

一、民族性与地域性的和谐统一

显然，浙东渔文化是中国渔文化的一个分支，是中国渔文化的一部分，具有中国渔文化的主要特点。据考证，我国渔业的历史可以追溯到旧石器时代，距今约一万五千到五万年前，远早于农耕文明。渔业是中华民族的最早的产业之一。我们的先民通过不断地摸索和实践，熟悉原始水域并尝试着进行生产作业，通过发明和改进渔猎工具，逐渐掌握水域捕捞技术和渔业生产工序，慢慢形成了有一定规模的渔猎活动和渔业生产。随着这些活动的开展，先民的智慧也得到了极大的开发,从而促进了人类社会的不断进步,与此同时,中国渔文化也应运而生并发展。中国是渔业大国,近300万平方千米的海域和3.2万千米的海岸线造就了它天然优越的地理条件。中国渔文化是中华民族文化的重要组成部分,它的发展离不开中华民族文化的根基和土壤。毋庸置疑,中国渔文化具备了民族性,融入了中华民族的传统和信仰,蕴含中华民族的精气神,是中华民族智慧的结晶,那么作为中国渔文化的不可分割的一部分,浙东渔文化也不例外。

同时,浙东渔文化又具有浙东沿海地区的地域属性,带有当地特色和风情,是浙东渔区的特色文化形态。所谓"十里不同风,百里不同俗",坐落于浙江东部地区的渔风渔俗亦有其自身的特点。首先,各地拥有独具特色渔民传统习俗,比如宁波象山隆重的祭海仪式、绍兴古老的"牵鱼"捕鱼技艺、舟山海岛渔村婚嫁习俗、台州温岭扛台阁闹元宵等。其次,各地拥有独具特色的渔民传统活动,比如宁波象山的"开渔节"、绍兴上虞的捕鱼节、舟山的"开洋谢洋节"、台州的"送大暑船"民俗活动等。还有与各地渔文化相关的"非遗"传承,比如宁波象山鱼拓技艺、宁波宁海十里红妆、绍兴黄酒酿制技艺、舟山渔民号子、舟山渔民画、台州的延绳钓捕捞技艺、台州玉环船木刻字等。另外还有各地的渔民信仰,比如浙东地区都信奉海龙王及海上诸神,浙东北部渔民还信奉观音,浙东南部渔民则信奉妈祖,这与当地渔民习俗和本土文化相关,也反映了地区间的共性和差异并存。总之,这些都与历代浙东渔民的生活生产密切相关,体现了浙东渔民的丰富经验和无限智慧，彰显了浙东渔文化的精彩纷呈和地方特色。

由此可见，浙东渔文化既继承了中华民族的传统，又显现了浙东地区的特点，并将两者和谐统一起来。

二、继承性与发展性的完美共生

渔文化是渔业地区的一种文化现象，属于群众文化。在长期的历史发展中，它并不是一成不变的，而是逐渐形成、慢慢发展、渐渐创新，同时又相对稳定的一种文化存在形式。浙东渔文化也不例外。渔文化，通俗而言，就是以"渔"和"鱼"为特色的文化。在远古时代，我们的先民已经在原始水域开始了捕鱼作业，由此开启了渔文化的历史进程。浙东渔文化同步于中国渔文化，可以追溯到距今 15000 年到 50000 年前，历史悠久，内涵丰富。这样漫长的历史进程并不是毫无痕迹可循的。2020 年 5 月 30 日，在余姚的新闻发布会宣布了井头山遗址的存在，将宁波地区的人类活动史和人类文明史推到了距今 8000 年前，比之前的距今 7000 年的河姆渡遗址足足提前了 1000 年。井头山遗址出土了大量的海生贝类、动物骨头等，还有很多陶器、石器、骨器、贝器等人工制品。这处史前贝丘遗址足以说明，在远古时期的宁波区域已经有先民群体的海洋活动，这也是浙东渔文化悠久历史的里程碑见证。在 20 世纪 70 年代开始挖掘的宁波余姚河姆渡遗址中出土了大量的陶器、木器、骨器等，说明这些器物在 7000 年前已经较为普遍地应用在先民的农耕渔猎活动中，这是浙东渔文化的又一个有力佐证。

　　浙东渔文化的嬗变是一种不断积淀、更替、发展的过程，是浙东沿海地区的先民们在这片特有的区域环境和生存状况下逐渐形成的文化印记，是浙东沿海地区的渔民后辈们在继承前人的传统习俗、劳作经验、特色技艺中又不断推陈出新发展起来的文化形态。所以浙东渔文化的有力传播和持续发展，不可能将传统束之高阁，一味守旧而停滞不前。它需要不断继承、不断发展、不断创新，也需要更好地与浙东的海洋经济振兴和海洋文化建设结合起来，这样才能真正实现浙东渔文化的价值。

　　因此，可以不夸张地说，浙东渔文化是民间文化瑰宝，这块瑰宝在不断的打磨和精心的雕琢中必将熠熠生辉。

三、历史性与时代性的有机交融

　　我们在论述第二点时提到了浙东渔文化经历了漫长的历史过程，逐渐演变、丰富、发展至今天，它与中国文化一脉相承、不可分割。可以这样说，浙东渔文化是浙东地区渔业蓬勃发展、渔民生活变迁、渔风渔俗传承的历史产物，不能脱离历史而孤立存在。在漫漫历史长河中，这里的一代一代人见证和亲历了浙东渔文化的发展和变迁。

　　原始社会时期，浙东人就已经开始了海洋的探索，在原始浅海水域从事渔猎活动，这从井头山遗址、河姆渡遗址的出土遗物可见一斑。那时的浙东人已经发明了很多较为简易的船用渔用工具，如桨、帆、鱼镖、骨器、陶器。他们开始驾舟出海，从事海洋捕捞。遗存中的鱼骨说明部分海洋生物也开始成为浙东人的食物来源。以上都印证了浙东渔文化在当时已步入初步发展阶段,这也推动着人类的不断进步。位于宁波象山丹城的塔山遗址出土了一批商周时期的青铜器,有青铜镞、青铜戈、青铜鱼钩和青铜钩等,这说明当时的浙东人已经掌握了更为娴熟的渔猎技艺,制造出了非常实用的渔猎工具。与此同时,浙东渔文化也随着浙东人渔猎活动的成熟和渔业经济的开发而不断发展。

到了春秋战国时期,我国境内已经开辟了辽东渔场、山东渔场和浙江渔场。那时先民们开始意识到食盐对身体的重要性,于是海盐也被开发,当时的齐国、燕国濒临渤海湾,成为海盐产地,因此经济发展,国力大增,成为强国。同样,位于现浙东地区、拥有海疆的越国不仅有发达的农耕业、畜禽业,而且海盐业、手工业、渔业也非常活跃。据记载,越国人在沿海滩涂开辟晒盐基地,在湖泊、近海养鱼。相传当时的越大夫范蠡曾根据当时的养鱼经验编写了《陶朱公养鱼经》这部养鱼专著。另外,当时的造船行舟技术也日益成熟,在临海曾发生多起海战。据史籍记载,依水沿海的楚、吴、越、齐等国家重视发展造船业,并建立了"舟师"。由此可见春秋战国时期的浙东地区依然处于渔业贸易和海洋资源不断开发的时代。

到了秦汉时期,浙东地区的渔猎采集活动因天然的山海资源丰富依然兴盛,尤其是捕鱼、采贝、捉蟹等。当时被称为"鄞县"的宁波已经开启了海外通商贸易,也因此有了海外文化元素,这更加丰富了浙东地区海洋渔文化,使其更具有包容性,同时也将浙东渔文化传播到了海外。

兴于唐宋时期的海上丝绸之路促进了浙东地区的沿海贸易，加强了当地与东北亚、东南亚、中东、北非各地区的经济、文化、民俗的交往，其中也包括渔风渔俗。这个时期浙东沿海停靠着很多商船，作为海洋渔文化一部分的海船文化也同样丰富起来。

明清时期的浙东海洋渔业经济和文化虽然遭遇过曲折，但总体向前发展。此时的浙东海洋渔业经济与商品经济密切相连，并已高度商品化。依靠地理优势，浙东沿海地区民众主要以海洋捕鱼为主，人工水产养殖也成为重要的渔产资源。清代学者包世臣的《齐民四术》中就有对养鱼技术民俗的记载。在此期间，传统渔业和近代渔业并存发展，到了1904年江浙渔业公司成立，中国渔业的近代化历程开启了。当地的渔民群体组织也不断变化，从渔帮到渔商再到民国的渔会，这也是浙东渔文化发展的重要部分。

1949年后，浙东海洋渔文化迎来了新的发展机遇。浙东渔业经济和海洋文化在开放的环境和积极的政策下愈发生机勃勃。浙东渔民靠着自己勇敢的意志和勤劳的双手继续着海洋探索之旅，他们依然以海为生，但是更加科学地进行渔业、养殖、捕捞和制盐等生产，更加知道如何去保护和传承当地的渔文化。

我们相信，新时代的浙东渔文化会更加绚烂耀眼。

由此可见，浙东渔文化的发展与浙东海洋渔业经济的发展是分不开的，它具有显著的历史性和时代性，它的发展经历了快速期和缓慢期，但整体上是在历史进程中不断地发展着的。

第二节 浙东渔文化的内涵

浙东渔文化的特点决定了对它的研究既要立足本区域,又要着眼全局,既要体现传统文明,又要彰显现代之美,既要把握其规律,又要敢于创新。

一、物质内涵

首先,物质内涵就是为了满足人类生存和发展的物质方面的需要所创造的物质产品及其所表现出的文化形式。浙东渔文化的物质内涵主要体现在浙东渔民的衣食住行等方面,主要包括浙东渔民的服饰文化、饮食文化、建筑文化、船俗文化等。

说到浙东渔民的传统服饰,就会想到简单耐磨、宽大松垮的一套着装服饰。其实这样的设计形式是与渔民的日常劳作紧密相关的。浙东渔民无论是出船、捕鱼,还是归航、收网,动作幅度都很大,而且与海打交道,总是难免会弄湿衣衫,这样宽大的衣裤更换起来也比较方便。其中,舟山海岛的渔民服饰极具代表性。在《嵊泗县志》中就有记载:"旧时,渔民惯穿大襟布衫加背单,下身穿龙裤。"在舟山东极岛还有"龙裤菩萨"的塑像和传说。龙裤其实就是笼裤。笼裤是东海渔民中比较具有代表性的裤装,一般用土布制成,比较耐磨,裤筒粗大,方便劳动,裤腰另出,便于系扎。为什么称作"龙裤"呢?据说,南宋第一位皇帝赵构一路被金人追杀,于是逃到浙东避难,在舟山度过了 1129 年到 1130 年交替的农历新年。他也是历史上唯一到过舟山的皇帝,因此在那里流传了很多关于这位落难皇帝的传说。其中有传说,赵构脱险后赠予舟山当地渔民御裤,于是这种裤子就被叫作"龙裤"。另外,这种裤子的裤腿酷似龙灯的形状,个别的龙裤又扣也会绣有龙的图案,因此称其作"龙裤"也颇为恰当。还有就是无领口无袖子的大襟衫,由粗布做成,腋下用布条连接,非常透气散热,也便于捕鱼作业。除了渔民服饰非常有特点外,渔妇的服饰也一样有自己的特色,主要有三大件,头巾、布褴、横襟衫。当然,现在随着科技的发展、生活水平的提高、劳动强度的变化,渔民渔妇的服饰早就改良了,但这种服饰制作技艺并不会被遗忘。2009 年,渔民传统服饰制作工艺被列入市级非物质文化遗产保护名录。同时各地还经常举行浙东渔民传统服饰展演。渔民服饰除了有男女之别外,并无阶级、贵贱之分,更注重的是实用性。衣服耐用,反映了渔民质朴的生活作风;衣服宽大,也反映了渔民不受拘束的生活态度。浙东渔民服饰文化俨然是浙东渔文化的一个重要符号,不可忽视。

再来说说浙东渔民的饮食文化。所谓"靠山吃山,靠水吃水。"浙东渔民靠海生活,那当然是靠海吃海。浙东渔民有着独到的海鲜烹饪技术,能够保持食材的新鲜,发挥食物最佳的口感。通常鱼、蟹、虾、贝、螺等都是渔民饭桌上常见的地道美食,一般采用的是蒸、煮、灼、腌、酱的传统方法,也会使用烧、烩、炖的烹调手法,目的非常直接,好吃就行。浙东渔民一般即捞即吃,现抓现烹,食材新鲜,风味独特。

浙东渔民饮食以"鲜咸"为主，鲜中带咸，咸中透鲜，这也是大海最原始的味道。海洋资源、渔业生产与渔民的饮食基本需求息息相关。在古代，由于先进技术的缺乏和社会生产的落后，浙东渔民主要靠天吃饭，有无收获全凭运气，又因无法预测天气而有可能遭遇海难。随着社会的不断进步和科学技术的发展，浙东海洋资源获得了有效保护，渔民也能够更安全地进行海上作业。海洋的慷慨馈赠使得现在渔民的生活变得越来越美好。浙东渔民的饮食特征跟他们所处的浙东地域自然生态条件和人文社会环境密切相关，对食物的加工方式、饮食喜好、礼仪禁忌都是经过时间沉积和经验积累的产物，同时也随着时代的变更在不断发展变化，由此逐渐形成的相对稳定的群体心理定式和带有鲜明地域特色的文化现象。浙东渔民的饮食文化也体现了人类与自然的和谐共生。

说到浙东渔民的建筑文化，不得不先提到传统的渔村建筑、海岛建筑。由于特殊的地理环境和气候条件，浙东渔村和渔岛一般就地取材，采用石料作为主要的建筑材料，这样可以使房子牢靠坚固，并防止海水腐蚀。前面提到的筲箕湾村、五岙村、小箬村就是典型的用石头砌成的浙东小渔村，村里的石屋，经久耐用、百年不倒。那里满眼的石墙、石级、石巷还有石屋，无不以石为基、垒石而成，这种略带粗犷但又错落有致的石构建筑群在青青草木、蓝蓝海天的映衬下，显得更加独特又美感十足。难怪每年总是有那么多游客慕名而来，仅仅是为了在石屋里住一住，在石屋前拍拍照。另外在渔村石屋的里里外外总会有很多的海洋元素，比如贝类工艺品、渔民画、渔网、船锚等，处处洋溢着浓郁的渔家海洋风情。浙东沿海渔村石屋群是自然与人工融合的成果，充分展现了浙东渔民将自然资源与实际需要完美结合的生活智慧，也践行了"以人为本、尊重自然、倡导和谐"的生存理念。随着经济的发展和时代的变迁，很多渔村发生了翻天覆地的变化，渔民们住进了小楼房，生活设施一应俱全。但在"自然生态"理念指导下，一些古渔村落还是维持了原有的结构和风貌，保持着海天、山石、人屋的和谐统一。

最后，说说浙东的船俗文化。浙东渔民出海捕鱼以及日常生活都离不开渔船，渔船已经成为他们生命中最重要的一部分。《浙江当代渔业史》有道："浙江沿海使用渔船约有7000年的历史。"可见浙东渔民经历了漫漫行船拓海之路。渔船的发展史就是渔民的奋斗史。从原始狭小的"独木舟"，到逐渐宽敞的"拼板舟"，到"木帆渔船"，再到后来的"机帆渔船"以及现代化钢质渔船，渔船历史历经数代。虽然渔船越来越先进，但传统的木帆渔船依然是船俗文化的典型代表。你知道舟山名字的来源吗？《昌国州图志》有云："舟山在川之南，有山翼如枕海之湄，以舟之聚，故名舟山。"显然，舟山有舟且多。远眺海岸，渔船星罗棋布，犹如天上繁星，名副其实。木帆渔船的使用在舟山也经历了几百年的时间，并且在民间流传着很多与木帆渔船有关的渔谣渔谚和传说故事。"绿眉毛"就是舟山传统木帆渔船的代表之一。它是明代郑和下西洋船队中的一种船型，始于宋代，成熟于明清，于20世纪70年代末退出了历史舞台。"绿眉毛"船头似鸟形，浙东先民认为太阳由神鸟守护而升天，还认为正是神鸟衔来稻谷种子才使浙江成了鱼米之乡，因此把崇鸟文化融入了渔船的制造中，希望渔船出行能够得到神鸟的庇佑,一帆风顺,平安归来。这也是为什么人们也把"绿眉毛"叫作"鸟船"或"浙船"。另外,浙东渔民认为渔船与人一样有灵魂,尊称渔船为"木龙",又认为渔船中的每个部件都是有灵性的,必须要心存敬畏。对于浙东渔民来说,打造新船是头等大事,无论是开工、安龙骨、点船眼、下水等都必须选择黄道吉日和吉时,献上祭品,叩拜诸神,去邪气,保平安。传统的浙东渔船还有很多装饰图案,大都取材于民间吉祥图样和纹路,凝聚了浙东渔民生活和艺术的智慧,也反映了他们对美好生活的向往,是传统渔船文化的重要组成部分。

二、精神内涵

精神内涵就是人类在历史发展和实践过程中所创造出来的非物质形态的文化形式。浙东渔文化的精神内涵主要体现在浙东渔民的习俗、信仰、艺术、心理等方面,主要包括浙东渔民的习俗文化、信仰文化、艺术文化、心态文化等。

先说浙东渔民的习俗文化。浙东渔区习俗内容包含很广,涉及浙东渔民生产生活的方方面面,有生产习俗、婚嫁习俗、丧葬习俗、禁忌习俗、岁时习俗,等等。就生产习俗而言,有出海前必祭海,敬海神,求平安,盼收获;回港避风,必进庙供祭,有拜妈祖,敬观音,祈顺遂;汛期结束,用猪头等祭品谢龙王。就婚嫁习俗而言,宁海的"十里红妆"、舟山的"海岛婚俗"等。丧葬当地称"白事",其习俗古有"招魂""做坟""放水灯""做七"等。以台州渔民为例,如果渔民海上失事，找不到尸体，就要请僧人道士去海边招魂，叫"招潮魂"。当然，现在提倡节俭文明丧葬，因此有些风俗已经消失。就禁忌习俗而言，有忌船头小便，会视之为对海神不敬；忌吃鱼翻身，即忌讳翻船之意；忌说"翻""沉""扣""倒"等词；忌行船时吹口哨，怕招风神掀狂浪等。最后还有岁时习俗，古时的东海渔民认为"年"就是潜藏在东海中的一种怪兽，一般在除夕出来害人，直到有位老翁让渔民们在门上贴大红春联、放爆竹，才使"年"不敢上岸兴风作浪，从此把除夕那天叫"过年"，也有了"贴春联""开门炮"的习俗。可见浙东渔民的习俗来源于日常的劳作和生活，表达了他们对自然的敬畏和对美好生活的期许。

接着说说浙东渔民的信仰文化。之前已经提到过浙东渔民对海神的信仰，主要有海龙王、观世音、妈祖三大信仰。海神信仰是浙东渔民在艰难风险的海洋生活环境中产生的一种内在精神寄托，也是浙东渔民的海洋观念以及对海洋的认知的外在表现。首先，海龙王信仰的形式是源于浙东先民对于龙的崇拜，后来，人们将它与王权思想、海神信仰、典故传说等结合起来，我国传统又以东方为尊，最终物化成了东海龙王的形象。再来说说观音信仰。浙东观音禅院众多，在浙东渔区主要表现为观音的海神化。在浙东渔民看来，观世音不仅是普度众生的神明，也是为渔民护航的护海神祇。这样的信仰是佛教文化与海洋文化相结合的典型，也是基于浙东自身的地域和宗教环境所形成的产物。

接着继续谈谈妈祖信仰。在浙东地区分布着大大小小的"天后宫""妈祖庙"。唐宋时期，闽人把妈祖信仰带到了浙东。

宋徽宗钦赐"顺济"庙额，将妈祖信仰由部分地域传播到了全国，由民间信仰上升到了官方认可。妈祖信仰在元朝继续传播，在明代也没有因"海禁"而没落，到了清代"开禁"后，浙东沿海地区妈祖庙越来越多，妈祖信仰达到了鼎盛时期。浙东人信奉的"如意娘娘"据传是妈祖的妹妹，是渔民心中的海上平安之神，可见浙东人对妈祖崇拜。对妈祖的信仰是沿海渔民祈求平安祥和的心理寄托，也是对"真、善、美"的信仰和追求。2009年，妈祖信俗被列入联合国教科文组织《保护非物质文化遗产公约》人类非物质文化遗产代表作名录。

浙东渔区的艺术文化主要涉及海、鱼、渔的多元艺术形式，包括典故、传说、谚语、歌谣、书画、戏曲等。"福如东海"的典故讲的是一个叫阿福的年轻人无私帮助村民摆脱困境，并获得了东海龙王三女儿的青睐，最终获得福报的故事。"徐福东渡"的传说，起源于秦汉时期，说的是秦始皇欲求长生不老之药，方士徐福率童男童女和工匠前往蓬莱求仙而不得，后不知所踪的故事。2008年，徐福东渡传说被列入国家级非物质文化遗产名录。浙东流传着很多谚语，生动和形象地诠释了浙东渔民的生活和劳作，比如"浪叫有礁，鸟叫山到""乌贼靠拖，海蜒靠窝""种田人看天公，落海人看潮价""抲勿来连船卖，抲得来连城买"等。浙东渔歌的典型代表就是渔民号子，之前有提到过的代表作有《起锚号子》《摇橹号子》《拔篷号子》《起网号子》等，是一种来源于渔民传统劳作的带有节奏的号令，也是渔民们抒发情感的原生态口头艺术。关于浙东渔民书画，不得不提到其中一道靓丽的风景——

渔民画。它用绚丽的色彩、大胆的构思、独特的手法表达了当地渔民对生活的热爱以及海洋的无限神秘。浙江戏曲艺术底蕴丰厚，历史悠久。戏曲已经成为浙东渔民闲暇之余的一种休闲方式。他们喜欢听戏，也喜欢唱戏，浙江戏曲有越剧、走书、摊簧、乱弹，还有姚剧、婺剧、绍兴莲花落、舟山布袋木偶戏等。以越剧为例，有带有"鱼"元素的传统越剧《追鱼》，讲的是北宋学子张珍与鲤鱼精的故事；有带有"渔"元素的现代越剧《海上渔歌》，讲的是东海渔民父女两人出海捕鱼时救起了两位落水呼救的男士，后发现是台湾国民党特务，经过殊死搏斗，终于擒获特务的故事。你看，浙东渔区艺术文化形式多样，内容丰富，地域性明显，且带有广博厚重的历史感，体现了浙东渔民的精神追求，同时也是浙东海洋文明和渔家文化的真实再现。

　　最后说说浙东渔民的心态文化。心态指的是人类在社会意识活动和实践中所形成的价值观念、审美情趣、思维方式等精神层面的因素。而心态文化是具有广泛基础的、无形的、隐形的文化形态，它与物质形态文化、制度形态文化和观念形态文化一起共同构成一定社会的文化整体系统。[①]根据井头山遗址和河姆渡遗址遗存，如海量贝壳、船桨、船形陶器、大量鱼骨等，我们可知在距今七八千年前浙东境内，原始居民就已经开始了一定规模的制桨造船、海产捕捞，并孕育出了开拓海洋、利用海洋的心态。根据台州玉环的三合潭遗址遗存，如鱼钩、鱼刺等捕鱼工具，我们发现在距今五六千年

---

① 李静，何云峰，冯显诚. 论社会心态的本质、表现形式及其作用[J]. 华东理工大学学报：社会科学版，2003（04）：39-45.

前,浙东先民捕捞渔业不断发展,捕鱼手法多样化,捕鱼技艺不断精进,渔猎已经成为生活来源的重要组成部分,并培育了自身积极认识海洋和使海洋为我所用的智慧。之后在绍兴鉴湖区的坡塘乡发掘出了独木舟,这也是浙东先民为开探水域而提升船舶制造技术的一个明证。历朝历代,浙东地区一直是海洋渔业活动和海洋文化发展的重地,拥有着得天独厚的自然条件和底蕴厚重的人文环境,以及一代一代勤劳质朴的浙东渔民。出海捕鱼对于浙东渔民来说,不仅仅是一种生活方式,也是一种人生态度。面对狂风怒浪要无所畏惧,面对海洋丰厚馈赠要懂得感恩,对自然要保护,对生命要敬畏……这些给浙东渔民群体带来了简单知足的生活、豁达乐观的心态、淡泊平和的境界。以渔为生,以船为家,以天为被,以海为席,这样艰辛而又自由的生活方式塑造了浙东渔民大胆勇敢而又粗放豪爽的性格、深入骨髓的海洋情结以及镌刻在基因里的开放与包容。

浙东人历来就有不服输的精神,无论通商还是创业,不畏艰难,勇于登攀,浙东渔民亦是如此。俗话说,一方水土养一方人。浙东山水海天总是有种无形的魅力,让人驻足这里,不愿离去,正如宋代词人王观的《卜算子·送鲍浩然之浙东》里写的那样:"水是眼波横,山是眉峰聚。欲问行人去那边,眉眼盈盈处。"浙东渔文化就孕育在这山明水秀、人杰地灵的山海之间,怎能不让人心生赞叹又怀有无限期许呢?

第五章 浙东渔文化的保护与传承

地球上海洋的总面积约占地球表面积的 71%，海洋是生命的摇篮，对于海洋资源的开发和利用历来是人类的重大课题。我国是一个海洋大国，一贯重视海洋经济的发展，同时海洋文化也越来越受到关注。海洋渔文化是海洋文化的重要组成部分，从另外一个意义上来说，海洋文化的起源就是海洋渔文化，因此要认识和了解海洋文化，对渔文化的研究是非常重要的。

第一节　浙东渔文化保护与传承的意义

浙江东部地区海岸线长,岛屿众多,海洋渔业资源极为丰富。同时,浙东地区文化底蕴深厚,是中华文明的发祥地之一,是"海上丝绸之路"的重要区域,孕育出了有别于其他地区文化特质的"浙东文化"。浙东渔文化就是在这样的自然条件和人文环境中萌芽、发展和繁荣起来的。

作为一种特色的地域文化形态,浙东渔文化展现着地区历史的进程和文明的传承,对于它的保护和传承具有以下几个方面的现实意义和人文价值。

一、政治方面

对浙东渔文化的保护和继承是落实新时代乡村振兴战略的需要。十九大报告提出了"乡村振兴战略",认为农业、农村、农民问题是关系国计民生的根本问题。乡村振兴战略是党和国家的重要战略部署,渔村振兴是乡村振兴的重要组成部分。浙江东部地区有很多渔村渔岛,渔村、渔岛的振兴和繁荣直接关系着浙东地区的总体发展。在渔村、渔岛的振兴和繁荣方面,除了经济上的发展外,也要重视对当地文化的保护和宣传,因为浙东渔文化是浙东渔区重要的精神文明产物。浙东渔文化中有很多具有当地特色的文化遗产和民俗，是人类智慧的宝藏，是人类文明的财富。绵延几千年的浙东渔文化记录着一代又一代浙东人海洋活动历程，传承着一代又一代浙东人生生不息、奋进不止的精神。通过保护和传承浙东渔文化，可以激发浙东人身上开拓海疆、勇立潮头的果敢因子，使他们担负起建设"美丽渔村、美好家乡"的重要使命。

二、经济方面

对浙东渔文化的保护和继承是发展浙东现代渔业经济的需要。文化与经济之间存在着密切的联系。经济是基础，为文化的发展奠定了物质条件，而文化又反作用于经济，对经济产生影响。发展现代渔业是推进我国渔业持续健康发展的重要目标，也是现代社会经济文化一体化的重要方向。浙东作为我国重要的沿海地区，海洋渔业经济是重要的经济增长点。而浙东现代渔业的长足发展离不开先进文化的指导和引领。浙东渔文化以其久远的历史、鲜明的特色、丰富的内涵显现出了无穷的魅力，是浙东地区文化的重要构成，对浙东地区的海洋渔业经济发展提供了精神动力和价值引领，同时也可以发挥对新时代海上丝绸之路经济建设的先导作用。一个地区的综合竞争力不仅仅包含这个地区的硬环境，也包含了这个地区的软环境。浙东地区应该坚持文化与经济和谐发展，这样才能真正激活浙东地区的活力。

三、文化方面

对浙东渔文化的保护和继承是创建海洋文化强省的需要。党的十九大报告指出，要坚持陆海统筹，加快建设海洋强国。浙江是典型的海洋大省，一直致力于推进新时代海洋强省建设。海洋强省的建设离不开海洋文化建设，而海洋文化建设是推动海洋事业繁荣发展的必然要求，也是社会主义文化建设的重要组成部分。浙东渔文化是浙江海洋文化中最具有特色的文化构成，形式多元、内涵丰富、影响深远，是浙东人民的劳动产物和智慧结晶。对浙东渔文化的研究和保护，在浙东渔文化基础上进行的创新和发展，对浙东渔文化的特色打造和品牌推广，都是为海洋文化强省建设工程添砖加瓦。浙东渔文化是源于民间、来自基层的群众文化，有着深厚的群众基础，是当地群众引以为豪的传统文化。浙东渔文化作为浙东地区的一种特色文化，也在民间文化交流中起到了非常重要的作用，成为文化交流的重要桥梁和纽带，比如浙东沿海各地、浙东与其他沿海省份城市、海峡两岸等的交流与学习。深厚的文化根基和深入的文化交流而产生的文化自信也是现代海洋文化建设的重要基石和有力支撑，为繁荣海洋文化和提升海洋文化软实力提供了精神助力。

四、社会方面

对浙东渔文化的保护和继承是构建浙东和谐社会生活的需要。社会是由不同行业的人构成的，各行业都是社会组成的一部分。在浙江有近 80 万渔业从业人员，主要分布在浙东和浙南沿海地区，比如宁波、舟山、台州、温州等地，是当地人口的重要组成部分。浙东渔民的生存状态关系着浙东居民整体的幸福指数，也是构建浙东和谐社会的重要因素。

目前浙东渔民的生存保障体系已经基本形成，但在健康、心理、教育等方面还需要进一步改善。有研究从生理、心理、环境、社会四个领域对浙江省渔民生存现状进行了调查研究，发现这四个方面对渔民生存状况产生了不同程度的影响，依次是较弱影响、显著正向影响、显著影响、较强影响，因此提出了推动构建"生理—环境—社会关系—心理"四位一体的联动机制。[①]那么对浙东渔文化的保护和继承就是很好的一个方式，可以直接或间接地对渔民的心理、环境、社会关系等方面产生积极影响。首先，渔民是渔文化保护和传承的主要力量。这样做不仅能够让渔民在专业上得到发挥，也是对渔业从业人才的一种保护。其次，渔民在实践中能够提升文化素养，加强环保意识，同时增强创造力和归属感。鼓励渔民加入渔文化保护和传承活动，是对渔民群体的历史贡献的一种肯定，也能够激励更多的渔民安心渔区建设，促进渔村产业转型。

第二节　浙东渔文化保护与传承的建议

保护和传承浙东渔文化能够有效促进渔文化与渔业经

---

① 吴佳晨，吴奕铮，庄源，等. 浙江省渔民生存现状调查及对策探析——以温州、台州、宁波、舟山为例分析[J]. 中国市场，2016（51）：69-72.

济、乡村战略、海洋文化、和谐社会的良性互动，能够帮助最终实现浙东地区物质文明和精神文明建设的双丰收。在保护和发展渔文化时，务必要处理好三个矛盾：第一，落后的文化保护意识和渔文化保护高要求的矛盾；第二，重渔业经济发展与轻渔文化保护的矛盾；第三，渔业经济发展中的短视行为与可持续发展的矛盾。①那么怎样才能保护好、继承好浙东渔文化呢？我们也许可以从以下五个方面寻找答案。

一、保护海洋资源

古语道："不涸泽而渔，不焚林而猎。"要保护和传承浙东渔文化，首先要对海洋资源进行有效保护，这是浙东渔文化的源头活水。人类不能对自然界过度索取，否则只会自食恶果。保护海洋，保护海洋资源，保护海洋生物的多样性，其实就是保护海洋渔文化的可持续发展。正如前面所叙述的，浙东渔文化是浙东人在长期的海洋渔业生产实践中创造出的物质财富和精神财富的总和。那么离开了海洋，或者海洋环境恶化，都不利于浙东渔文化的保护和传承，也不利于浙东海洋渔文化的创新与发展。因此，对海洋资源的保护成了保护渔文化的首要任务，海洋生态资源修复工程势在必行且利国利民。

首先，我国从 1995 年起就开始组织实施海洋伏季休渔制度。伏季休渔制度的实施，改善了海洋生态环境，保护了亲

---

① 刘红梅. 我国渔文化保护和发展探析[J]. 农村工作通讯，2013（05）：56-58.

体幼体，养护了渔业资源，使捕捞产量和捕捞效率得到了提升。[①]浙东地区各级政府响应国家的海洋伏季休渔制度，积极贯彻和落实，保持伏休期无违规操作，对于无视国家规定的渔船进行严厉惩罚。此外，浙江省近年相继出台了《重要海洋渔业资源可捕规格及幼鱼比例》(DB33/T 949—2014)、《关于实施海洋渔业资源重点保护品种可捕规格及幼鱼比例制度的通告》(浙海渔发〔2015〕7号)、《浙江省人民代表大会常务委员会关于加强海洋幼鱼资源保护促进浙江渔场修复振兴的决定》(2016)等，从省级行政主管部门落实海洋资源可持续健康发展的相关制度。

另外，浙东地区出台了很多保护海洋资源的规定，比如《宁波市渔山列岛国际级海洋生态特别保护区管理办法》专门对宁波市首个国家级海洋生态特别保护区渔山列岛的规划、建设、保护和利用进行了详细的规定；舟山市出台的《舟山市国家级海洋特别保护区管理条例》就是为了保护和恢复海洋特别保护区的生态系统和功能，使得海洋资源能够科学合理利用，并促进经济与社会的可持续发展；台州市出台的新政《关于办理渔业资源损害赔偿案件的若干规定》界定了破坏渔业资源所构成的犯罪以及对造成国家渔业资源损失应予以经济赔偿。这些规定和政策的出台和实施正是对海洋生态环境的有效治理和科学保护，同时也为浙东渔文化的繁荣提供了土壤和根源，体现了和谐友善、生生不息的浙东渔文化精神。正如《吕氏春秋》中所云："竭泽而渔，岂不获得？而

[①] 卢昌彩，赵景辉. "东海无鱼"应对措施探讨[J]. 中国渔业经济，2013（06）：27-32.

明年无鱼；焚薮而田，岂不获得？而明年无兽。"无论是渔业经济还是渔文化的发展都不能短视，应着眼于长远。

截至2020年，文化和旅游部公布的国家级文化生态保护区的名单共有七个，而海洋渔文化（象山）生态保护区就是其中之一。该保护区的建立旨在以象山县全境的自然环境和社会环境为依托，对非物质文化遗产进行科学保护，以达到对海洋渔文化整体保护的目的。今后浙东各地应该联手，以象山为示范点，对海洋环境治理和生态保护采取更加有效和系统的措施，这样才能为浙东渔文化的长足发展和传承奠定基石。

二、重视"非遗"传承

浙东渔文化历史悠久，形态多样，成果丰硕。在灿烂的浙东渔文化硕果里，非物质文化遗产是非常出彩、引人瞩目的构成部分。这些凝聚着海洋的色彩和渔民的智慧并世代相传的非物质文化遗产犹如东海上的明珠，熠熠生辉、璀璨无比。我们熟知的浙东非物质文化遗产项目有：宁波的象山鱼拓、石浦渔灯、晒盐技艺、龙舟雕刻技艺、十里红妆婚俗等，舟山的舟山锣鼓、渔民号子、渔民画、贝雕技艺、渔用绳索结编织技艺等，台州的坎门花龙、送大暑船、温岭海洋剪纸、玉环鱼面小吃制作技艺、路桥渔业谚语等。这些文化遗产可谓形态迥异，特色鲜明，趣味盎然，内涵丰富。

浙东各地针对"非遗"采取了不同的举措。宁波市创设了非物质文化遗产特色小镇，分别是海曙高桥镇、北仑梅山街道、鄞州横溪镇、余姚梁弄镇、慈溪龙山镇、宁海前童镇、象山石浦镇。其中象山石浦镇的特色"非遗"项目是渔民开洋、谢洋节，充分挖掘了当地民俗渔风特色。舟山近期打造了一批非物质文化遗产体验基地，比如干施岙海岛乡村传统乐园、东极海潮渔民画体验基地等，为广大普通市民和爱好者们提供了体验"非遗"项目的机会，也是宣扬和弘扬"非遗"传统项目和传统特色文化的优秀平台。台州积极开展"文化和自然遗产日"主题活动，这不仅弘扬了优秀传统文化，也推动了美丽乡村建设，宣传了当地非物质文化遗产。

越来越多的人开始意识到，对渔文化"非遗"的保护，如果仅仅将保护工作停留在具体的、特定的、某一个或者某一类的项目保护上，是片面的、外在的，难以维持非物质文化遗产的延续和发展，必须将非物质文化遗产和其所在区域的自然环境和人文环境作为一个整体，开展区域性整体保护。[1]文化部曾出台《关于加强国家级文化生态保护区建设的指导意见》，该意见指出：文化生态保护实验区的建设应坚持尊重人民群众的文化主体地位的原则，坚持以人为本、活态传承的原则。[2]不仅要对"非遗"项目进行保护，还要积极建设文化生态保护区，使"非遗"保护整体环境得到提高和完善，这里面也不可缺少"非遗"传承人的参与和影响。我国著名的民俗学家刘锡诚也认为："'非遗'项目代表性传承人的认定和命名，是国家和人民给予传承人的一份荣誉。而荣

---

[1] 方琳. 一曲渔歌山月连——建设有象山特色的海洋渔文化生态保护区[J]. 宁波通讯，2011（17）：42-44.
[2] 文化部. 关于加强国家级文化生态保护区建设的指导意见[EB/OL]. [2010-02-10]. http://www.xjfeiyi.cn/xiazai/detail/4-98.html.

誉和责任、权利和义务是并誉而行的,不可能只有荣誉和权利,而不尽责任和义务。"①近年来,各地越来越重视"非遗"项目的保护与传承,并借助"非遗"文化推动渔文化,这不仅仅只是传承人的责任、政府部门的责任,也是我们每个公民的责任。要把保护"非遗"的意识扎根到年轻一代的心里,让下一代愿意了解"非遗"文化、热爱"非遗"文化,并愿意去传承,这种不灭的新生力量,才能让浙东渔文化不断传承和发展下去。

三、开展多元发展模式

对浙东渔文化的保护和传承也体现在多元发展模式上,也就是说仅仅以单一的形式来保护浙东渔文化还是不够的,我们可以采取多元的模式来激发浙东渔文化的创新活力,比如"渔文化+旅游""渔文化+美食""渔文化+教育""渔文化+创业""渔文化+电商""渔文化+创意衍生品"等,将渔文化与其他产业融合发展,或借助不同媒体平台进行宣传和组合,这样不仅能够促进当地的经济文化建设,更能够使渔文化鲜活起来、丰富起来。

其中比较典型的方式当属"渔文化+旅游"了。早在20世纪90年代,民俗学家刘锡诚就提出,从广义上来说,旅游实际上就是民俗旅游,没有一种旅游行为是能够脱离开所到地区或民族的民俗文化的,这就注定了民俗旅游将成为未来

---

① 刘锡诚.非遗保护应向农村传承人倾斜[N].中国文化报,2013-09-02(08).

中国旅游的主潮。①目前浙东各地已逐步将海洋渔文化融入旅游产业中，开展了渔区、渔乡、渔岛特色旅游，深度挖掘当地渔文化特点，开发渔文化旅游景点，吸引了大批的游客，创造了一定的经济效益。

宁波象山的石浦古城就是备受关注的旅游风情小镇。小镇街头处处充满渔文化的气息，蜿蜒的石板路和斑驳的土墙面记录着渔镇悠远而漫长的历史，琳琅满目的贝类工艺品和各色各类的海鲜产品显示了渔镇丰富而多样的渔业资源，活灵活现的渔俗表演和沉浸式的渔家生活体验无一不传递着渔文化独特的魅力。

舟山一直着力打造海岛休闲旅游产品，开发渔岛特色体验项目，将独特的海岛风情、渔岛风俗和人文创意结合起来，造就全域式旅游开发模式，形成了"岛岛有特色，岛岛不错过"的口碑，广受旅游爱好者的推崇，由此成了长三角地区短期旅游的首选地。

发展"休闲渔业"是发展渔业经济、保护渔文化的积极途径。农业部的《关于促进休闲渔业持续健康发展的指导意见》（农渔发〔2012〕35号）就对"休闲渔业"下过定义："休闲渔业是以渔业生产为载体，通过资源优化配置，将休闲娱乐、观赏旅游、生态建设、文化传承、科学普及以及餐饮美食等与渔业有机结合，实现一二三次产业融合的一种新型渔业产业形态，主要包括休闲垂钓、渔家乐、观赏鱼、渔事体验和渔文化节庆等类型。"②另外，2019年浙江省发展和改革

---

① 刘锡诚. 民俗旅游与旅游民俗[J]. 民间文学论坛，1995（01）：16-22.
② 农业部关于促进休闲渔业持续健康发展的指导意见[FB/OL]. (2012-12-20)[2020-12-30]. http://www.moa.gov.cn/nybgb/2012/dseq/201805/t20180517_6142431.htm

委员会联合省文化和旅游厅、省林业局发布了《浙江省海岛大花园建设规划（2019—2025）》，将浙东的舟山、宁波、台州各岛作为重点的海岛花园建设培育基地，致力于改善海岛的生态环境，并建成旅游特色明显和绿色经济繁荣的串珠式海岛大花园。可想而知，浙东海岛渔岛将继续成为旅游胜地。

渔文化旅游产品的设计与开发应该以资源为基础、以市场为导向、坚持个性化、综合效益和注重保护的原则。[①]除了与旅游产业结合之外，浙东各地可根据自己的特点，结合自身发展目标，跳出传统的框架，选择性地进行渔文化产业多元发展，使古老而传统的浙东渔文化在新时代散发出新的生机。

四、提升文化自觉意识

除了自然环境的治理和保护、对非遗传统的重视与传承、经济形态的多元发展外，全社会对渔文化的保护意识也有待提升。

"文化自觉"这个概念是由我国著名的社会学家费孝通提出来的，其中一层内涵就是文化自觉建立在对"根"的找寻与继承上，是对自己文化的自知、自省、自建的过程。从这个层面上来说，渔文化作为农业文化的分支、海洋文化的一部分，是中华民族文明之根、文化之源。通过向公众介绍浙东渔文化的历史和发展并宣传浙东渔文化的特色和内涵，使

---

① 周彬，赵旭东，王宾梅，等. 渔文化旅游资源开发潜力评价研究——以浙江省象山县为例[J]. 长江流域资源与环境，2011（12）：1440-1445.

全社会特别是浙东渔区民众更加了解浙东渔文化,正确看待浙东渔文化,提升渔文化自觉意识,从而参与到保护和传承浙东渔文化的行动中去。

"文化自觉"还包含了对自身文化与他人文化的反思。从这个角度来说,在保护浙东渔文化时,除了要提升浙东人渔文化保护的积极性和自觉性之外,也要以学习的眼光,抱着学习的态度,对其他地区的渔文化进行考察,研究他人之长,以补足自己之短,这样才能更好地服务于浙东渔文化的保护与发展。故步自封、自我陶醉绝不是浙东渔文化的未来。它的发展和传承需要浙东民众的自觉意识,也需要专业人士的亲历指导,这是动态变化的过程,需要大家的关注与参与。

这种自觉意识的提升确实迫在眉睫,一方面是因为渔文化本身的价值,它不仅是有显著的经济价值,还有历史价值、科研价值和生态价值,另一方面是因为渔文化资源具有不可再生性,一旦消亡,就不可复制,所以大家要理性认知、科学参与、合理开发、加强保护,为浙东渔文化延续和繁荣贡献自己的绵薄之力。

五、构建联动保障机制

当然,除了意识上的提升,有效保护浙东渔文化还需要资金的投入和制度的保障,因此建立系统性的保障机制也迫在眉睫。

第一,在组织管理方面,应该由地方政府来进行统筹管理并各地协同合作。浙东渔文化的保护与传承不是一朝一夕就能完成的,这是一项艰巨而复杂的工程,需要浙东各市政府出面统筹管理,做整体的规划和布局,这样才能做到财力、物力、人力的合理分配和灵活调剂。政府部门也应当加强渔区渔文化的公共文化基础设施的建设,把渔文化建设纳入当地财政预算中,这样能够充分保障渔区文化基础建设顺利进行,为各地的渔文化传播和创新创造良好的硬件条件。另外,政府也要制定和出台相关的法律法规或政策制度,对渔区的生态建设、渔民的合法权益、渔文化继承人的责任和权利等进行规定。只有在政府的主导和各部门的配合下管建并行,各项工作才能有序平稳地开展和落实。

第二,在人员机构参与方面,需要更多的专业人士和民间组织投入到浙东渔文化保护系列工程中。首先,相关科研团队可以进行田野调查和实地调研,系统记载和梳理文字材料,及时录制与保存影像资料,采用专业手段保护渔区文物,重视渔文化知识产权和非遗的申报等,对浙东渔文化的保护和传承做专业指导。特别是当地高校,是专业力量的重要组成部分,可以发挥和带动高校文化产业管理类专业和科研所参与其中。浙东渔文化要产业化必须加强渔文化产业人才队伍建设,建立产学研一体的培养模式,重视相关专业人才的培育。其次,要发挥基层文化单位对渔文化的保护和传承作用,可以通过公共宣传、专场讲座、主题展览等形式向民众传递渔文化相关知识,拓展渔文化的影响。非物质文化遗产具有民族性、大众性、地域性,基层文化单位也应在保护和传承浙东渔文化中承担起重要的角色,挖掘民间资源和民间素材,紧密联系当地群众,影响和培育一批渔文化守护者和接班人。另外，要鼓励发展和壮大浙东渔文化民间组织和机构，招募更多的志愿者参与到这项事业中来。比如，成立于2004年的象山县渔文化研究会是由象山有关机构和民间爱好者组成的我国首家渔文化民间团体，现有会员七十余人，专门从事象山渔文化的学术研究，致力于象山渔文化的开发利用和保护传承，是象山渔文化建设的中坚力量。如果浙东各地涌现出更多的民间组织和机构投入到浙东渔文化的保护系列工程中去，这将是对浙东渔文化民间力量的一大整合。只有在社会各界力量的有机联动下，浙东渔文化才能得到更加健康、更加有效地建设和发展。

浙东渔文化的保护和传承离不开天然的文化资源、有力的政府监管、足够的资金投入、切实的政策保障、专业的文化人才等，因此不得不说这是一项艰巨而复杂、长期而紧迫的时代工程。这一代人不能推诿，需要承担起保护我们民族文化的责任，需要踏实地干、努力地干，这样才能把千年文化遗产保护好，并世世代代传承下去。

第六章 浙东渔文化的发展新契机

对浙东渔文化的保护势在必行，这是一份历史的责任，也是大众情感的所在。我们要珍惜这绮丽的文化瑰宝，去传承这丰富的物质财富，去延续这无限的精神力量。从浙东渔文化发展的历史轨迹来看，有起有落，有急有缓，有盛有衰，这是不可否认的事实。但令人感到庆幸的是，如今的浙东渔文化的发展迎来了好政策、好时代。

第一节 "一带一路"倡议背景下的浙东渔文化

在新时代的中国,在新时代的浙东,"一带一路"倡议下的浙东渔文化发展迎来了新的机遇和挑战。追溯到 2013 年的 9 月,国家主席习近平对中亚四国,即土库曼斯坦、哈萨克斯坦、乌兹别克斯坦和吉尔吉斯斯坦,进行了国事访问。这是习主席首次访问中亚,此次访问致力于促进和深化中国与中亚各国持续的睦邻友好和长久的战略合作,并提出了建设"丝绸之路经济带"的构想。同年 10 月,习主席访问印度尼西亚时发表了题为《携手建设中国-东盟命运共同体》的重要讲话,提出了共同建设二十一世纪"海上丝绸之路"的设想。至此,"一带一路"倡议初步形成,为完善全球治理体系变革提供了新思路、新方案,为我国全面对外开放格局的形成和中华民族伟大复兴中国梦的实现加速助力。

一、历史回顾

大家知道丝绸之路有多条,其中陆路线路除了闻名遐迩的由张骞出使西域而形成的陆地丝绸之路即"西北丝绸之路"外,还有"西南丝绸之路""草原丝绸之路"。除了陆路,还有海路,即"海上丝绸之路",这让我们不禁想起中国古老的海洋基因。

正如前文中所提到的那样,考古发现证实了中国传承的海洋文明。距今8000年的井头山遗址、距今7000年的河姆渡文化遗址、距今6000年的塔山遗址、距今5000年的良渚文化遗址都是华夏先民早期海洋活动的有力见证。中国也是世界上最早造出独木舟的国家之一,早在石器时代就出现了船的雏形,即用原木凿空制成的简易船,便于一人坐在上面筏桨渡海。到了商周时期,随着社会生产力的发展,中国近海作业也变得频繁,据记载,我国商代就造出了有舱的木板船。

春秋战国时期,中国社会从奴隶制向封建制转化,随着生产力的再次发展,造船技术也得到了进步,如史书上就有对齐、燕、吴、越等国的造船史和近海作战的记录。另外《说苑》有云:"齐景公游于海上而乐之,六月不归。"可见当时人们已经对海洋有了较深的认知。

到了秦朝,随着大一统的实现,统治者逐步将统治范围从内陆延展到了海洋,《史记》中记载的"徐福东渡"就是当时秦朝海外航线开拓的一次尝试,也是东亚历史上有记载的最早的航海事件。到了汉朝,我国的海洋管理意识更是得到了极大的提升,远洋船经南海,通过马六甲海峡,到达了印度半岛的南端。西汉时期"海上丝绸之路"的开辟为我国与世界其他地区进行经济贸易、文化交流打开了海上通道。

三国时期,占据江东的孙权发展造船业,训练水师,兴水军以立国,并与海外通好。张大可(2003)所著的《三国史》中就提到孙吴的造船业很是发达。[1] 另外，当时孙吴的丝织业也很是兴盛。因此这段时期对于形成东海海上丝绸之路起到了非常重要的奠基作用。

两晋南北朝时期，由于政局比较动荡，社会经济发展受到一定阻碍，航海事业发展得比较缓慢。在东晋时期，有位著名的法显和尚为求戒律经陆路去天竺（今印度）取经，而多年后由海路归国，其间经历无数坎坷、闯过生死关卡，历时14年，之后其撰写《佛国记》，详细记载了中亚、印度、斯里兰卡以及南海诸国的风土人情，是一本极具史料价值的远航航海之作。

隋唐时期，中国封建社会发展到了鼎盛时期，无论是陆路还是海路的对外交往空前繁荣。这个时期的中国船舶制造技术突飞猛进，远洋航行发展位于世界前列，除了与邻国，如朝鲜、日本、渤海国的频繁交往，航行轨迹更是遍及东南亚、南亚、西亚、阿拉伯湾和波斯湾，甚至到了红海与非洲海岸，此时的"海上丝绸之路"也非常繁荣。在中国的版图上，由北至南从渤海、东海到南海都出现了很多的滨海贸易港口。

宋元时期，随着指南针的发明，航海定位技术提高，我国与其他国家和地区的海上交往与海上贸易往来的水平也不断提升。元代著名航海家汪大渊基于自己的航海经历撰写的《岛夷志略》中提及的国家与地区数量达到220多个，足见当时海上交通与对外贸易的兴盛。另外，意大利人马可·波罗在华生活17年，将自己的经历写成了《马可·波罗游记》，

---

[1] 张大可.三国史[M].北京：华文出版社，2003.

向世人展示了元朝经济富足、贸易繁荣、文化昌盛的历史画卷。宋元的"海上丝绸之路"东至日本，西到东南亚、波斯、阿拉伯、非洲，海外贸易遍及亚、非、欧各大洲。

明清时期，随着世界格局的变化以及国内政局的起落和变革，"海上丝绸之路"由盛而衰。明朝初期郑和的七次远洋航行，历时 28 年，近抵印度半岛，远及波斯湾和非洲东海岸，是中国航海史乃至世界航海史上的壮举，可见当时远洋技术之成熟、国家实力之强盛、对外海洋贸易之发达。而之后的明朝政府并未延续之前的开放政策，原因是多方面的，既有倭寇来犯的外在原因，亦有封建专政统治的内在需要。这使得中国由原来的海洋强国变成了经济日益衰落、对外贸易停滞的东方神秘国度。尤其到了清朝后期，海上丝绸之路随着西方列强的入侵和中国沦为半殖民地半封建社会而逐渐没落直至衰亡。而这种颓势一直延续到新中国成立之前。

古老的"海上丝绸之路"从夏商周走来，历经各个朝代的云起云落、繁华衰败、喧嚣寂寥，其背后是中华民族一直追寻的海洋梦、民族梦，是中华民族一贯提倡的和平互惠、共同繁荣的发展追求以及和而不同、兼收并蓄的处世原则。

历史的车轮转到了 21 世纪，今日之中国已非他日之中国，实现了政治上的独立、经济上的发展、军事上的强大。21 世纪是海洋的世纪，中国作为一个海洋大国，理应加强对海洋的开发和管理，促进海上交通和贸易的发展和开拓，从而向成为海洋强国的目标迈进。2013 年，"一带一路"倡议让我们的思绪回溯到了古老的"海上丝绸之路"，而今打造和建设"新时代的海上丝绸之路"的重大工程已经开启。

浙东在历史上就是古代"海上丝绸之路"的重要地区，不仅造船业历史悠久、技艺发展迅猛，丝织业也一直是当地的重要产业，两者结合为这条海上贸易通道提供了有利条件和重要保障。在唐代之前，浙东地区的明州（今宁波）、越州（今绍兴）、台州（今临海）都是重要的对外贸易港口，尤其明州港是当时"海上丝绸之路"最早的一条干线。在唐代，明州作为重要的贸易港口，与日本、新罗（今朝鲜）、环王（今越南）、尸利佛逝（今印尼巨港）、占卑（今苏门答腊）等都有贸易往来。[1]宋元时期，浙江丝织业的海外贸易依然不断发展，明州依旧是重要的海上贸易商埠和港口，与日本、高丽（今朝鲜）等地往来尤为频繁，其他的还有越南、柬埔寨、泰国、苏门答腊、爪哇、菲律宾、印度乃至中东国家。这样的盛况持续到了明代，宁波港一直作为东海航运的重要港口，"海上丝绸之路"发展达到了鼎盛时期。直到明中后期以及之后的清朝，中国失去了平等贸易的权利，由此浙东的海上丝绸之路通道逐渐没落，但是浙东地区对外贸易的活力和浙东人海外开拓的精神从来没有熄灭。

二、未来展望

浙东地区在古老"海上丝绸之路"中的地位是不容小觑的。宁波现存海上丝绸之路文化遗存约有 104 处，其中全国

---

[1] 陈炎. 古代浙江在海上"丝绸之路"中的地位——兼论浙江历代的海外丝绸贸易[J]. 商业经济与管理，1982（04）：46-53，76.

重点文物保护单位13处。① 浙东海上丝绸之路的历史也是浙东渔业经济发展和渔文化发展和传承的历史。浙东海岸线长，海岛众多，气候温润，海产丰富，渔业发达，渔文化历史悠久，内涵丰厚。浙东人靠海而居、以渔为生，在探索大海的实践中，掌握了渔业技术，熟识了海上气象，积累了劳作经验，并形成了与内陆迥异的独特渔文化，包括风俗信仰、岁时节令、衣食住行、诗书歌画，等等。一眼望去，浙东坐落着星星点点的渔港、渔村、渔岛、渔埠、渔行、渔市。这里是"渔"的世界，这是浙东的故事，是中国的故事，"一带一路"为浙东渔文化的对外传播打开了门、搭建了桥。

作为中国海洋文化的一部分，目前浙东渔文化传播较以往取得了显著的成果，但依旧存在以下问题：传播范围狭窄、传播内容零散、传播手段单一、传播影响有限。

首先，浙东渔文化对外传播就近涉及浙闽沿海地区，就远至日韩沿海一带，总体来说主要局限在东亚地区。其次，浙东渔文化内涵丰富，但是在目前实际对外传播的内容上比较零散，没有体现系统性，也没有呈现多样性。另外，浙东渔文化传播的手段比较单一，往往采用媒体自我解读的视角，阐述单一，解读呆板乏味，效果甚微。最后，浙东渔文化传播的影响力不足，究其原因，对外传播中没有形成一体化产业模式，没有借助浙江海洋文化和中国海洋文化对外推广的巨轮，作坊式的对外宣传达不到理想的外宣效果。

而今在"一带一路"倡议的背景下，浙东渔文化的对外传播迎来了新的机遇和挑战。可以借鉴历史成功经验，结合

---

① 苏勇军. 宁波海洋文化[M]. 杭州：浙江大学出版社，2017.

新时代、新气象,开辟浙东渔文化的对外传播新途径,让浙东渔文化真正"走出去"。

第一,开拓领域,传递浙东新声音。

"一带一路"沿途60多个国家和地区,总人口达到44亿,占世界人口的62%,囊括了包括中华文明、伊斯兰文明、斯拉夫文明、西欧文明等多个世界主要文明,具有极其重要的历史、政治、经济、文化地位。在积极政策的指引和带动下,"一带一路"沿线国家和地区之间在政治交往、经济合作、贸易往来、文化互通、语言交流等方面都将不断推进、不断加深。浙东渔文化作为浙江文化的一隅,富有地域特色;浙东渔文化作为浙江海洋文化的一支,带有海洋属性;浙东渔文化作为浙江渔业经济的产物,有着经济价值。由此,浙东渔文化可以积极地融入浙江与"一带一路"国家和地区的文化、海洋、经济等合作项目中,传递浙东新声音,让更多国家和地区的民众认识浙东渔文化的多彩形式和丰富内涵。

第二,整合资源,丰富浙东渔文化。

浙东渔文化萌芽于史前,浙东境内的井头山遗址是中国沿海地区迄今为止发现的年代最久远的海岸贝丘遗址,这也证明浙东渔文化距今至少有8000多年的历史。根植于海洋的浙东渔文化不仅具有久远的历史,更是有丰富内容和独特色彩。因此对浙东渔文化的资源整合和系统梳理可以从以下几个层面展开。物质层面,主要指渔捞、养殖、加工等生产作业和经济价值。第一是浙东境内渔业资源信息全面的收录;第二是浙东渔业汛期和捕捞期操作的规范;第三是浙东渔业资源的合理保护与开发。其次,精神层面,主要指由渔业生产而形成的文化成果和价值内涵。这部分包括渔区风俗、渔民信仰、饮食礼仪、服饰着装、娱乐方式、节日婚庆、建筑风格，等等。浙东境内现存很多渔文化古迹，比如宁波象山县现存14座天后宫、宁波镇海区现存15处天后宫，这些资料需要及时收入数据库，同时要加大对遗址的保护与文化内涵的挖掘。另外，浙东渔文化的新时代特点和内涵也极具研究价值。只有清晰而系统地完成对浙东渔文化资源的整合、内涵的解读、特色的凝练，寻找出更多的民族精神，使其成为浙东地区一张"名片"，才能更有效地促进浙东渔文化对外传播，并受到"一带一路"沿线国家和地区人民的理解和欢迎。

第三，勇于创新，探索传播多元化。

与欧美国家的文化传播理念和方式相比，我国的文化产业传播理念比较落后、形式尚显单一。虽然近年来，我国的文化产业发展和文化制度管理取得了很大的进步，但国内传媒行业的实际发展水平与其他国家之间还存在比较大的差距，而且鱼龙混杂、水平不一。浙东渔文化对外宣传还是要依赖专业的、正规的传媒机构和业内人士，同时需要浙东渔文化专家的介入和指导，集合多方，形成合力。另外，要避免出现填鸭式、教条式的宣传方式，要敢于创新、勇于实践，需要对"一带一路"沿线国家和地区文化背景、传播方式等做深度调研，采用更接地气、更受欢迎的多元传播形式，如故事叙述、历史回溯、情感根植等"以人为本"的对外传播模式，并始终传递历来友好、和谐交融的积极信号。

第四，开放包容，说好浙东渔故事。

浙东渔文化，如同中华文明一样，一贯具有开放、包容、多元的特点，这可以从浙东渔文化的千年发展历史中得见。浙东渔文化并非闭门造车、自我炮制，而是在与其他国家和地区的商贸往来、交流合作中不断丰富和发展起来的，既立足本土，又博采众长、为我所用。比如台州渔村中的石屋建筑群就是吸收和借鉴了闽南建筑风格，浙东沿海渔民与日韩渔民在生活习俗、海神信仰、风俗禁忌等方面有诸多相似之处，浙东沿海部分灯塔是由其他国家出资建造的，为当时各国渔船航行指明了方向，现在也成为很多浙东渔岛渔村的地标。宁波当地有波斯巷遗址石碑并多次出土过波斯陶器，证实古代西亚的波斯（今伊朗）商人曾驻足宁波，给宁波港带来了异域气息。正是浙东渔文化这样的天然属性以及浙东地区与"一带一路"沿线国家和地区的历史渊源，为浙东渔文化对外传播提供了保障。我们应该以政府为主导，并重发展渔经济与渔文化，既要重视经济效益又要重视文化效益。同时我们要加大渔文化对外传播的力度，提升对外传播的层次和水平，致力于说好浙东渔故事，积极传播生动鲜活的浙东渔文化。浙东渔文化这颗东海明珠在"一带一路"倡议的指引下必将绽放更耀眼的光辉。

第二节　走进新时代的浙东渔文化

浙东渔文化发展的脚步不会停滞，尤其是在"一带一路"倡议的背景下，浙东渔文化成果斐然，前景无限。随着时代的不断进步，我们来到了中国特色社会主义新时代，相信在这样一个承前启后、继往开来的时代中，浙东渔文化的传承和发展会趁着东风顺势而为，创造佳绩。

一、"一带一路"促成新成就

2013年，共建"一带一路"倡议提出并得到了越来越多国家和国际组织的积极响应，浙东地区与"一带一路"沿线国家在经济、文化、教育、科技等各领域展开了积极的合作。比如，2019年6月在宁波举办了首届中国－中东欧国家博览会暨国际消费品博览会，这是一次国家级展会，是宁波自2016年承办中东欧特色商品展，到举办中东欧国家投资贸易博览会，再到建设中国首个中国－中东欧国家（17+1）经济合作示范区，所取得的巨大成果，是宁波、浙东的一张闪亮的"一带一路"国家级名片。宁波作为历史上重要的"海上丝绸之路"城市，又在当代的"一带一路"框架下发挥着巨大的作用，连接起了宁波、浙东、中国在经济贸易、人文艺术、科技教育等诸多方面与"一带一路"沿线国家特别是中东欧的深厚缘分。据《经济日报》报道，截至2019年6月，宁波市高校与中东欧16国78所院校建立了合作关系，签署了近100项教育合作项目，双向交流学生累计突破500人。[①]

中国与"一带一路"沿线国家的合作与发展中比较亮眼是在农业上的合作。近年来，波兰、希腊、罗马尼亚、捷克、

---

① 郁进东. 亮出"一带一路"国家级名片，中东欧国家博览会将在宁波举行[N]. 经济日报，2019-06-05（12）.

立陶宛、匈牙利是中国－中东欧国家农业合作的主要合作伙伴国，畜产品、水产品、蔬菜、水果等成为主要的贸易品类。①其中就包含了水产品，可见渔业经济在其中也有着重要地位。浙东作为中国的渔业生产，包括捕捞、养殖、加工的重要地区，责无旁贷地发挥着积极的作用。比如，据报道，东南亚国家是舟山"一带一路"沿线国家中最大的出口市场。从出口的产品看，第一位为机电产品，第二位是成品油，位列第三的就是水产品；其中舟山的浙江大洋世家股份有限公司与金洋渔业（斐济）公司就在第 21 届中国浙江投资贸易洽谈会推进"一带一路"建设大会的现场成功签约，达成深度合作意向。②正如农业农村部渔业渔政管理局局长张显良在 2019 年 2 月 15 日国新办举办的《关于加快推进水产养殖业绿色发展的若干意见》发布会上回答记者提问时就表示，"一带一路"建设既对渔业对外合作提出了新任务，也为渔业对外合作带来了新机遇。③浙东地区与"一带一路"沿线国家除了在渔业经济、渔业科技方面外，在渔业文化的合作与交流上前景也非常广阔。比如，2015 年 6 月，宁波海上丝绸之路研究院（宁波中东欧国家合作研究院）挂牌；2015 年，舟山与希腊西北部的莱芙卡结为友好城市，共同致力于海岛旅游、海洋渔业、文化教育等方面的合作与交流，特别

---

① 吕珂昕. 中欧班列成中国－中东欧农业合作亮点[N]. 农民日报，2020-06-09（4）.
② "三会"重大项目签约我市签约金额超 10 亿元[EB/OL].(2019-06-10). http://zscom.zhoushan.gov.cn/art/2019/6/10/art_1544673_34546851.html
③ 国新网. "一带一路"建设为渔业对外合作带来新机遇[EB/OL]. (2019-06-10). http://www.scio.gov.cn/xwfbh/xwbfbh/wqfbh/39595/39821/zy39825/document/1647041/1647041.htm

是蓝色文明的互融互通;2019年6月,"一带一路"沿线国家商协会在浙江台州举行经贸交流对接会;2019年11月,宁波市中东欧经贸合作与文化交流促进会成立。另外,一直以来浙东与东亚、东南亚各国地缘相近,因此在民风民俗、宗教信仰、民间文化等方面交流频繁而深入。这些都为浙东地区的渔文化研究和发展提供了合作平台,增加了交流机会,带来了无限可能。

二、新时代带来新契机

浙东渔文化在共建"一带一路"的过程中,在经济效益上取得的巨大成就,在文化效益上也势必会有更大的作为。利好消息不断传来。2017年10月举行的中国共产党第十九次全国人民代表大会,提出了"中国特色社会主义进入新时代"的科学判断,为中国明确了历史定位、指明了发展方向、提出了前进目标。这也是对我国社会主义伟大事业和各项工程的重要指引。那么浙东渔文化也不例外。

渔文化的历史其实就是民族的发展史、兴衰史,是古老的华夏民族从原始到现代、从落后到文明的漫长历程,是中华民族灿烂文化的重要构成。从原始社会走来,历经奴隶社会、封建社会、半殖民地半封建社会,再到社会主义社会,中国渔文化的历史长河清晰地记录了人类探索海洋奥秘、从事渔业生产的艰难岁月、苦乐甘甜,也记载了渔民们斗天斗地、奋进不屈的血泪史,而终将迎来渔区儿女奋发有为、欣欣向荣的创业史。

一方面,新时代乡村振兴战略下浙东"三渔"迎来发展新契机。

习近平总书记在十九大报告中指出:"中国特色社会主义进入新时代,我国社会主要矛盾已经转化为人民日益增长的美好生活需要和不平衡不充分的发展之间的矛盾。"[1]而这种不平衡不充分在乡村发展方面有所体现。党的十九大报告提出了乡村振兴战略,提出了"坚持农业农村优先发展"的总方针,以及"产业兴旺、生态宜居、乡风文明、治理有效、生活富裕"的总要求。"三渔"作为"三农"问题的重要部分,在这美好画卷的规划和绘制中必然占有重要一席。"三渔",即渔业、渔村、渔民。那么新时代乡村振兴战略框架下的"三渔"如何得到可持续发展呢?诚如韩立民、任广艳、秦宏(2007)分析的那样,"三渔"问题中,渔业发展是基础,渔村建设是保障,渔民生活水平和素质全面提高是核心。[2]换而言之,在新时代,要有效解决"三渔"问题,我们要关注产业与经济、自然与环境、人文与素养的和谐发展和共同进步。

在浙东沿海,渔区、渔场、渔村、渔岛、渔港遍布,从事渔业以及相关产业的人口众多,因此浙东经济的总体发展及振兴和浙东渔文化的可持续发展都倚赖浙东"三渔"问题的有效解决和目标达成。

首先是渔业发展。渔业是浙东的支柱产业,更是渔村经

---

[1] 习近平. 决胜全面建成小康社会 夺取新时代中国特色社会主义伟大胜利——在中国共产党第十九次全国代表大会上的报告[M]. 北京:人民出版社,2017.

[2] 韩立民,任广艳,秦宏. "三渔"问题的基本内涵及其特殊性[J]. 农业经济问题,2007(6):93-96,112.

济和渔民收入的重要来源。渔业的发展与水域环境的安全、海洋生态的和谐、生产技术的保障等息息相关。以宁波为例，在"十三五"期间，宁波开展和出台了关于海洋污染防治、海洋生态修复、体制机构建设等重大工程及相关措施，并取得了显著的成效。2020年3月，浙江省出炉了《2020年海洋强省建设重点工作任务清单》，目的是全力做好浙江省海洋经济"十四五"发展规划。以上有力举措为浙东渔业的发展提供了保障，增强了动力。根据《2020中国渔业统计年鉴》数据显示，从渔业经济总产值来看，2018年浙江省渔业经济总产值为2181.5亿元，2019年为2232.6亿元，同比增长2.34%；从渔业产值来看，2018年浙江省渔业产值为1064.1亿元，2019年为1101.7亿元，同比增长3.53%。可见浙江省渔业发展势头良好，浙东地区亦是如此。

其二是渔村建设。从我国每年发布的《中国渔业统计年鉴》中可以看到，渔村基础设施主要包括冷库、渔港、原良种场、种质资源保护区、水生野生保护区等。对于基础设施建设，浙东地区也出台了很多积极的措施和政策，以促进渔区生态治理和渔村环境改善。在国家的积极支持、当地部门主动作为、当地群众的大力参与下，截至2019年，浙东地区的海洋自然保护地有10处：嵊泗马鞍列岛海洋特别保护区暨国家级海洋公园、普陀中街山列岛海洋生态特别保护区暨普陀国家级海洋公园、宁波渔山列岛国家级海洋生态特别保护区暨渔山列岛国家级海洋公园、象山韭山列岛国家级海洋自然保护区、台州椒江大陈省级海洋生态特别保护区、舟山五峙山鸟岛省级海洋自然保护区、玉环披山省级海洋特别保护区、宁波象山花岙岛国家级海洋公园、玉环国家级海洋公园、舟山市东部省级海洋特别保护区。这些保护区的设立不仅仅使得渔业生产环境得到改善，也大大提升了渔村整体的基础设施、环境风貌和居住条件。现下的浙东渔村不再是破旧不堪、留不住人的地方，而成了人们纷至沓来、风景宜人的好去处了，一些海岛、渔村甚至成了"旅友"、网友的"网红打卡处"。渔村的景象早已今非昔比。

最后是渔民的问题。首先是渔民的生活水平，这主要涉及渔民的收入问题。浙江省农业农村厅公布的数据显示，2018年浙江渔民人均纯收入为27653元，同比增长11.3%，位居全国第一。根据政府所公布的数据，2018年浙江城镇常住居民人均工资性收入31148元，农村常住居民人均工资性收入16898元。从以上数据中我们可以看出，渔民收入处于中间值，高于农民收入，低于城市居民收入。这个符合总体的情况。相较于农民整体而言，渔民的生活相对较为富裕，但依然存在很大的提升空间，远远没有达到理想水平。从收入结构来看，渔民家庭收入主要以经营收入为主体，其他如工资性收入、生产补贴、转移性收入、财产性收入占比极低。从以上分析可得，渔民主要依靠传统的生产模式获得收益，而这样的收入也受到很多因素的影响，比如渔业资源、渔场情况、生产成本、经营方式等。而近期浙东地区积极推广和发展休闲渔业，发挥渔业与渔村休闲旅游功能，促进了渔民增收。随着基础设施的改善、生态资源的恢复、生产方式的改进、政府政策的扶持，相信在不久的将来，浙东渔民的收入将会大幅度提高。另外是渔民的素质提升问题。总体而言，浙东渔民素质有待提升。之前，渔民们所得教育资源比较少，受教育程度较低，但近年来，随着对民间传统文化和习俗的不断重视，浙东渔文化保护和传承意识的不断加强，浙东渔村的"乡风文明"建设层层推进，取得了很大的成效。浙东渔村的学前教育、基础教育水平得到了极大提高。浙东渔民子女受高等教育的不在少数。浙东渔村各地都建立了文化礼堂，这成为传承渔村文化的精神家园。渔村人文环境建设要以重点文化渔村为中心和依托，争取财政支持，建设"渔博馆"，传承渔文化，为渔业产业发展挖掘和增添基础元素。[①]相信在乡村振兴战略下，浙东各地渔民学习和交流的机会会不断增多，渔民的总体素质会不断提升。

另一方面，新时代文化自信内涵下浙东渔文化发展达到新高度。

党的十八大以来，习近平总书记在多个场合论述并强调了文化自信。中国共产党成立95周年的大会上，习总书记在讲话中曾指出："坚持不忘初心、继续前进，就要坚持中国特色社会主义道路自信、理论自信、制度自信、文化自信，坚持党的基本路线不动摇，不断把中国特色社会主义伟大事业推向前进。"[②]习总书记还强调："文化自信，是更基础、更广泛、更深厚的自信，是更基础、更深沉、更持久的力量。"[③]习总书

[①] 刘子飞，孙慧武，韩杨，等.基于乡村振兴的"三渔"发展战略研究[J].山东农业科学，2018（04）：166-172.
[②] 习近平.在庆祝中国共产党成立95周年大会上的讲话[N].光明日报，2016-07-02（2）.
[③] 习近平.在中国文联十大、中国作协九大开幕式上的讲话[N].光明日报，2016-12-01（2）.

记在党的十九大报告指出:"文化是一个国家、一个民族的灵魂。文化兴国运兴,文化强民族强。没有高度的文化自信,没有文化的繁荣兴盛,就没有中华民族伟大复兴。"[①]党的十九届五中全会提出,繁荣发展文化事业和文化产业,提高国家文化软实力。由此可见,新时代中国的文化自信继承和发展了马克思主义文化理论,以实现中华民族伟大复兴中国梦为重要目标,是中华民族对自我文化的认识和反思,并为中国未来的文化发展指明了方向。

浙东渔文化是浙东地域文化、浙东海洋文化重要一脉,更是中华民族传统文化不可分割的组成部分。新时代的文化自信为浙东渔文化的发展和传承做出了更精准的指引、设定了更宏伟的目标。

首先,对浙东渔文化的自信源于浙东渔文化厚重的历史积淀和丰富的文化内涵。浙东渔文化历史悠久,内涵丰富。从原始的渔猎时代开始,历经各个时代,浙东地区的渔业活动从未停歇,渔业由此成了最具历史感、最有生命力的产业之一。而从浙东渔业生产活动中不断积累丰富起来的浙东渔文化,其表现形式也是各式各样的。从各种鲜活的鱼类到咸鲜可口的渔味,从渔船渔具、渔服渔饰再到渔歌渔谣、渔风渔俗,"渔"元素几乎渗透到了各个领域,其形态之多元、影响之深远不是其他任何一种产业文化所能比拟的。浙东渔文化又具有深厚的地方特色,明显有别于其他沿海地区,渔村、渔岛、渔港、渔场、渔市遍布浙东沿海,极富当地风情和地域特色。

[①] 党的十九大报告学习辅导百问[M]. 北京:党建读物出版社,2017.

其次，对浙东渔文化的自信源于对本民族文化的认同和价值的认可。文化自信是群体对自身文化认知的心理反应，是自我意识成熟的表现。浙东渔文化历史悠久，有深厚的文化根基，是浙东历代渔民在渔业生产中不断积累的物质财富和精神财富。浙东渔文化作为中华优秀传统文化的一部分，蕴涵着开放包容、自强不息的人文精神。对于浙东渔文化价值的认同和认可恰恰就是浙东人对浙东渔文化人文精神的认同和时代价值的认可，是建立在历代浙东人传承的民族自豪感和担负的历史责任感上，同时也是建立在浙东人自我意识的不断成熟上。诚如前面所说，浙东渔文化是历代浙东渔民在"与海共舞"中积累的丰富实践和获得的丰盈智慧。对浙东渔文化的感情早已完全融入了浙东人的骨髓里、血脉里、基因里。浙东人对浙东渔文化的自信就是对民族传统文化的珍视和尊重。

最后，对浙东渔文化的自信还源自浙东民众开拓创新的精神和埋头实干的作风。习近平同志曾将浙江精神概括为12个字，即"求真务实、诚信和谐、开放图强"。这是浙江精神，是浙东精神，也是浙东渔区的精神所在。浙东地区依山靠海、人杰地灵，具有鲜明的人文精神和深厚的民族情结。浙东地区自古商贸繁荣、渔业兴盛，因此民风包容、思想开放。浙东地区又是改革开放、经济发展的前沿地带，渔业体制改革、捕捞方式创新，体现出了浙东人求新求变、不断自我突破的勇气和开拓进取的拼搏精神。浙东渔区第一批提出了海洋生态保护的倡议，立志摆脱和改善"东海无鱼"的困境。2019年8月，浙东地区各市齐聚台州，共商浙东海洋生态环境保护工作,全力保障海洋生态安全。浙东人对浙东渔文化的保护与传承的工作一直走在全国前列,致力于实现非物质文化遗产的活态传承与创新转化。

中华文化之所以生生不息、经久不衰,就在于它具备海纳百川、有容乃大的胸襟,具有博采众长、兼收并蓄的传统,具有与时俱进、自我修复的能力。[①]浙东渔文化身为中华文化的一部分,亦有着相同的特质和内涵。它是极具地方特色的一种文化形态,从历史的洗礼中不断蜕变,必将在新时代继续砥砺前行。

---

① 赖辉亮. 新时代文化自信的历史考察及其对青年的启示[J]. 中国青年社会科学,2020(02):56-63.

后 记

党的十八大以来，以习近平同志为核心的党中央高度重视中华传统文化的传承，同时强调要坚定文化自信，担当弘扬民族文化和民族精神的责任。在这样的大背景下，关注中华文化、关注地域文化，成为当下重要的时代课题。作为古老传统文化之一的渔文化，在海洋资源保护和开发以及民俗文化传承和发展的关键时刻，焕发出了新的生机和活力，因此对它的研究具有重要的理论意义和实际价值。

本书是浙江省社科联社科普及课题成果，基于团队成员的共同努力和协同合作。本书从选题到构思再到动笔、修改，最后完成，历时两年有余。回首这两年多的撰写经历，我深感浙东渔文化的古韵悠长、内涵丰厚，也体会到了保护和传承浙东渔文化的任务之急、责任之重。作为土生土长的浙东人，作为浙东沿海地区发展的亲历者，这种感悟和体验尤为深刻。我惊喜于浙东发展之迅速、社会经济之欣欣向荣，但偶尔也为古老渔村的消失和先辈技艺的后继无人而忧心伤感。正是如此，激发了我的创作动力，鼓舞了我的写作热情。在这里我要感谢宁波财经学院各位领导、同仁的支持和帮助，要感谢家人的理解和关怀，同时也感谢西南交通大学出版社编辑人员的辛勤付出。

浙东渔文化之旅在这里并没有终止，必将一直进行下去。

沿途的美丽风景、灵动人物、感人故事都深刻地印刻在脑海里、扎根在心头间。当面向浙东浩瀚的大海,迎着微醺的海风,呼吸着腥咸的空气,听着渔船鸣响的汽笛声,看见一群群渔民正辛勤劳作,我想这才是真正地浸润在浙东渔文化的滋养中、孕育在浙东渔文化的积淀里。最后我想说,我爱这片蔚蓝,爱这蜿蜒的海岸、这飞溅的浪花、这古朴的渔村、这静静的渔岛……

无限风光,尽在这里!

徐　岚
2020 年 11 月

◀ 图1 渔船归航
  鱼货满仓

▲ 图2
  台州温岭渔船

▲ 图3
  宁波象山石浦沙塘湾

▶ 图 4 舟山沈家门渔港

▶ 图 5 老式渔船

▶ 图 6 舟山沈家门海鲜夜排档